Das große Forscherbuch für Kinder

Experimente und Spiele zum Entdecken
der Naturwissenschaften

Dieses Buch entstand in Zusammenarbeit mit Science-Lab, Starnberg. Science-Lab ist eine Bildungseinrichtung, die auf die altersgerechte, moderne Vermittlung naturwissenschaftlicher Inhalte in Kindergarten- und Grundschulalter spezialisiert ist.

www.science-lab.de

Sonja Stuchtey

Das große Forscherbuch für Kinder

Experimente und Spiele zum Entdecken der Naturwissenschaften

Arena

Inhalt

Luft **49**

Wasser & Co **63**

Berge und Steine **79**

Liebe Eltern, Lehrer und erwachsene „Mitforscher",

„Duuu, woher hat der Regenbogen seine Farben?" Solche und ähnliche Kinderfragen haben Sie sicher auch schon in Verlegenheit gebracht, oder? Oft wissen wir selbst die Antworten auf die scheinbar einfachsten Dinge nicht oder nicht so genau. Wir nehmen viele Naturphänomene als gegeben hin und hinterfragen sie nicht mehr. Kinder bringen uns dazu, die Welt noch einmal mit neuen Augen anzusehen. Sie wollen alles wissen.

Als Begleiter des sicher kaum zu bändigenden Forscherdrangs Ihres Kindes sind Sie gefordert. Kinder im großen „Warum-Alter" sind von sich aus motiviert, zu lernen und Zusammenhänge zu entdecken. Dabei ist ganz wichtig: Kinder wollen sich ihre Welt **selbst** erschließen!

Es kann also nicht das Ziel sein, ihnen unser Erwachsenenwissen zu vermitteln oder gar überzustülpen. (Selbst wenn Sie die Antworten kennen.) Vielmehr sollten Sie sehr aufmerksam hinhören, was Ihr Kind gerade beschäftigt. **Denn nur wenn neue Beobachtungen und Erkenntnisse mit bestehendem Wissen verknüpft werden können, verstehen wir sie wirklich und sie werden nachhaltig „abgespeichert".** Das gilt für Kinder wie für Erwachsene.

Was heißt das nun konkret?

Gehen Sie von sich selbst aus. Interessant sind Themen, mit denen man sich identifizieren kann. Greifen Sie also Fragen auf, die Ihr Kind stellt. Oder bieten Sie selbst Fragen an. Dazu eignen sich zum Beispiel die Geschichten und Märchen in diesem Buch. Auch aus Alltagsbeobachtungen drängen sich Fragen auf. Sie beobachten zum Beispiel gemeinsam einen Regenbogen. Die Frage ist: Wie kommen die Farben dort in den Himmel? Sie bezieht sich so unmittelbar auf die kindlichen Eindrücke, dass sich die Auseinandersetzung ganz natürlich anbietet. Nun steht diese Frage im Raum. Und wie geht es weiter?

Beantworten Sie sie nicht! Geben Sie Ihrem Kind Raum und vor allem Zeit, seine eigenen Ideen und Gedanken zu formulieren. Es ist wirklich verblüffend, mit wie vielen guten Hypothesen die Kinder aufwarten.

Danach ist der Zeitpunkt, gemeinsam zu prüfen, ob die gesammelten Ideen uns weiterhelfen.

Verstehen Sie dieses Buch als Anregung, als Impuls und nicht als Lehrbuch. Sie finden auf den folgenden Seiten Themen und Fragen, die für die jeweilige Altersgruppe typisch und wichtig sind. Die Altersangaben oben links auf den Seiten helfen Ihnen bei der Einordnung. Die Experimente, Spiele, Geschichten und Lieder sind Möglichkeiten, das gemeinsame Forschen zu bereichern und aus verschiedenen Perspektiven zu beleuchten. Besonders die Geschichten regen Kinder auf einer eher emotionalen Ebene dazu an, über Naturphänomene nachzudenken. Denn: Viele Wege führen nach Rom und viele Zugänge schaffen die ganz persönliche Verbindung zum Vorwissen und den ganz individuellen Weg, Wissen zu erwerben und zu vertiefen. Die Versuche sollte Ihr Kind natürlich unbedingt selbst durchführen.

Das, was Sie als Erläuterungen unter der Rubrik „Für Eltern" finden, ist wirklich für Sie als Erwachsene gedacht. Es muss den Kindern nicht vermittelt werden. Für die Kinder genügt oft die bewusste Beobachtung und eine erste, vorsichtige Annäherung an die Zusammenhänge. **Dabei ist weniger mehr!** Lassen Sie sich und Ihrem Kind die Zeit, wirklich genau zu beobachten, zu hinterfragen und zu begreifen. Es braucht Zeit, die Eindrücke zu verdauen und mit anderen Eindrücken zu vergleichen und zu vernetzen.

Wenn Sie erst einmal mit der gemeinsamen Forscherreise begonnen haben, sind der Fantasie keine Grenzen gesteckt. Sie werden immer mehr Fragen und Wege zum Forschen finden und jeden Tag etwas Neues entdecken.

Wir wünschen viel Spaß dabei!

Hallo!

Bist du auch neugierig? Willst du immer ganz viel wissen? Dann bist du bestimmt ein Forscher – so wie ich. Wollen wir gemeinsam forschen? Dann mal los! Damit da nichts passiert, muss man sich beim Forschen an ein paar Regeln halten.

Forscherregeln
für große und kleine Forscher

1. Beim Experimentieren nichts essen.

2. Beim Experimentieren nichts trinken.

3. Nichts in den Mund nehmen.

4. Nur experimentieren, wenn ein Erwachsener dabei ist.

(Dieses Symbol findet sich im Buch bei Versuchen, die ein Erwachsener beaufsichtigen sollte.)

5. Kerzen dürfen nur Erwachsene anzünden.

6. Mit kochendem Wasser dürfen nur die Erwachsenen hantieren.

Farben

Warum ist der Hase braun?

Unsere Natur ist voller Farben. Das macht sie bunt und sehr schön für uns. Ganz oft haben die Farben auch noch einen besonderen Sinn. Farben helfen Tieren in der Natur häufig, sich vor Feinden zu schützen.

Der Fuchs sucht seinen Freund, das Eichhörnchen. Kannst du es finden?

Ein Schneehuhn im Sommer- und Winterkleid.

Zum Spielen

Tarnen

Sucht euch eine Ecke im Zimmer, draußen im Wald oder auf der Wiese, die ihr euch ganz genau anseht. Dann drehen sich alle Mitspieler bis auf einen um und halten die Augen zu. Der eine Mitspieler legt einen Gegenstand in diese Ecke, entweder einen Gegenstand in grellen Farben oder in Tarnfarben. Dann schauen alle wieder hin und prüfen, was sich verändert hat. Was entdeckt man schnell? Was sieht man nicht oder sehr spät?

Versuch

Hände tarnen

Das brauchst du:
- ▶ Papier ▶ Farbkasten ▶ Pinsel
- ▶ Wasser ▶ Malerkittel

Auch du kannst dich tarnen.
Nimm ein Blatt Papier und male ein buntes Muster darauf. Dann legst du deine Hand auf das Muster und versuchst, sie zu tarnen. Vorsicht: Am besten ziehst du einen Malerkittel, z. B. ein altes Hemd, an.

Tiere haben oft die Farbe ihrer Umgebung. Das nennt man Tarnung. Es gibt sogar Tiere, die ihre Farbe wechseln, um sich immer wieder neu zu tarnen.

Für Eltern

Farben spielen in der Natur eine große Rolle im ständigen Kampf von Fressen und Gefressenwerden. Eine große Chance haben Beutetiere, neben der Flucht, durch die Tarnung, also die farbliche Abstimmung auf die Umgebung. So haben viele Waldtiere ein braunes Fell, um im Unterholz geschützt zu sein. Einige Tiere wechseln sogar die Farbe vom Sommer zum Winter. Das Chamäleon wechselt die Farbe ebenfalls, aber nicht zur Tarnung, sondern abhängig von Stimmungen, z. B. zur Balz.

TIPP: Falls du dir nicht so gerne deine Hände bemalst, kannst du jemanden bitten, deine Hand auf einem weißen Blatt Papier mit einem Stift zu umranden, sodass du sie ausschneiden kannst. Dann klebst du diese Papierhand auf das Papier mit dem Tarnmuster und tarnst sie. Wenn du Tierbilder hast, z. B. aus Zeitschriften, kannst du die Tiere ausschneiden, aufkleben und auch mit deinem Farbkasten tarnen. Dabei solltest du sie aber nicht übermalen.

Warum schlägt der Pfau sein Rad?

Nanu, das ist doch keine Tarnung? So erkennt man den Pfau ja schon aus weiter Ferne!

Ein männlicher Pfau balzt um ein Pfauenweibchen.

Manchmal will man sich ja gar nicht verstecken, sondern sogar unbedingt gesehen werden. Das geht den Tieren so, wenn sie in der Paarungszeit einen Partner finden wollen. Fast immer sind es die Männchen, die mit ihrem bunten Kleid oder bunten Körperteilen die Weibchen auf sich aufmerksam machen wollen.

Stockerpel und Stockente

Fasanenweibchen und Fasan

Haushuhn mit Hahn

Pflanzen brauchen bunte Farben, um Insekten anzulocken, denn die Insekten sorgen für die Verbreitung des Blütenstaubs. Wenn der Blütenstaub verteilt wird, können immer wieder neue Blumen entstehen.

Farben in der Natur dienen also zum Tarnen, Locken und auch zum Warnen. Der Marienkäfer warnt durch Rot und Schwarz: „Vorsicht – giftig! Besser nicht fressen." Diese Warnung ist zwar etwas übertrieben, aber sie schützt ihn.

Versuch

Erdfarben

Das brauchst du:
▶ Mörser (oder ein Brett und einen kleinen Hammer)
▶ Erd- bzw. Tonstücke, die du selbst suchen kannst
▶ 1 Eiweiß (reicht für etwa 3 Esslöffel feine Brösel)
▶ Wasser ▶ Schneebesen
▶ Löffel ▶ Pinsel ▶ Papier

1. Suche dir weiche „Steine" aus Ton oder Kreide oder einfach trockene Erde.

2. Zerstoße die Erdstücke im Mörser oder mit dem Hammer auf einem Brettchen, sodass so etwas wie ein feiner Sand bzw. Staub entsteht. (Wenn du etwas festere Steine nimmst, setze eine Sonnenbrille zum Schutz auf!)

3. Vermische den gewonnenen Staub/Sand mit wenig Wasser und einem Eiweiß und verrühre die Masse gut, sodass eine schöne Farbpaste entsteht.

Jetzt kannst du die Farbe testen und mit dem Pinsel ein Bild malen. So haben bereits die Höhlenbewohner auf Felswände gemalt!

Nicht nur in der Tier- und Pflanzenwelt haben Farben oft eine Bedeutung. Auch wir Menschen lassen uns durch Farben leiten. Wie zum Beispiel der Prinz in dem bekannten Märchen vom Aschenputtel.

Aschenputtel

Gebrüder Grimm

Einem reichen Manne wurde seine Frau krank, und als sie fühlte, dass ihr Ende kam, rief sie ihr einziges Töchterlein zu sich und sprach: „Liebes Kind, bleibe fromm und gut, so wird dir der liebe Gott immer beistehen und ich will vom Himmel auf dich herabblicken und um dich sein."

Darauf tat sie die Augen zu und verschied. Das Mädchen ging jeden Tag zum Grabe der Mutter und weinte und blieb fromm und gut. Als der Winter kam, deckte der Schnee ein weißes Tüchlein auf das Grab, und als die Sonne im Frühjahr es wieder herabgezogen hatte, nahm sich der Mann eine andere Frau.

Die Frau hatte zwei Töchter mit ins Haus gebracht, die schön und weiß von Angesicht waren, aber garstig und schwarz von Herzen. Da begann eine schlimme Zeit für das arme Stiefkind.

„Soll die dumme Gans bei uns in der Stube sitzen?", sprachen sie. „Wer Brot essen will, muss es verdienen: Hinaus mit der Küchenmagd."

Sie nahmen ihm seine schönen Kleider weg, zogen ihm einen alten grauen Kittel an und gaben ihm hölzerne Schuhe.

„Seht einmal die stolze Prinzessin, wie sie geputzt ist!", lachten sie und führten es in die Küche. Da musste es von Morgen bis Abend schwere Arbeit tun, Wasser tragen, Feuer anmachen, kochen und waschen. Obendrein verspotteten die Schwestern es und schütteten ihm die Erbsen und Linsen in die Asche, sodass es sitzen und sie wieder auslesen musste. Abends kam es in kein Bett, sondern musste sich neben den Herd in die Asche legen. Und weil es darum immer staubig und schmutzig aussah, nannten sie es *Aschenputtel*.

Es trug sich zu, dass der Vater einmal auf die Messe ziehen wollte, da fragte er die beiden Stieftöchter, was er ihnen mitbringen sollte.

„Schöne Kleider", sagte die eine, „Perlen und Edelsteine", die zweite. – „Und du, Aschenputtel", sprach er, „was willst du haben?" – „Vater, das erste Reis, das Euch auf Eurem Heimweg an den Hut stößt, das brecht für mich ab."

Er kaufte nun für die beiden Stiefschwestern schöne Kleider, Perlen und Edelsteine und auf dem Rückweg, als er durch einen grünen Busch ritt, streifte ihn ein Haselreis. Da brach er das Reis und nahm es mit.

Als er nach Hause kam, gab er den Stieftöchtern, was sie sich gewünscht hatten, und dem Aschenputtel gab er das Reis vom Haselbusch. Aschenputtel dankte ihm, ging zu seiner Mutter Grab und pflanzte das Reis darauf und weinte so sehr, dass die Tränen darauf niederfielen und es begossen. Es wuchs und ward ein schöner Baum. Aschenputtel ging alle Tage dreimal darunter, weinte und betete und jedes Mal kam ein weißes Vögelein auf den Baum, und wenn es einen Wunsch aussprach, so warf ihm das Vöglein herab, was es sich gewünscht hatte.

Es begab sich aber, dass der König ein Fest anstellte, das drei Tage dauern sollte und zu dem alle schönen Jungfrauen im Lande eingeladen wurden, damit sich sein Sohn eine Braut aussuchen möchte. Die zwei Stiefschwestern, als sie hörten, dass sie auch erscheinen sollten, waren guter Dinge, riefen Aschenputtel und sprachen: „Kämm uns die Haare und bürste uns die Schuhe, wir gehen zum Fest auf des Königs Schloss." Aschenputtel gehorchte, weinte aber, weil es auch gern mitgegangen wäre, und bat die Stiefmutter, sie möchte es ihm erlauben.

„Du, Aschenputtel", sprach sie, „bist voll Staub und Schmutz. Du hast keine Kleider und Schuhe und willst tanzen!"

Als es aber mit Bitten anhielt, sprach sie: „Da habe ich dir eine Schüssel Linsen in die Asche geschüttet, wenn du die Linsen in zwei Stunden wieder aufgelesen hast, so sollst du mitgehen."

Das Mädchen ging durch die Hintertür in den Garten und rief: „Ihr zahmen Täubchen, ihr Turteltäubchen, all ihr Vöglein unter dem Himmel, kommt und helft mir lesen, die guten ins Töpfchen, die schlechten ins Kröpfchen."

Da kamen zum Küchenfenster zwei weiße Täubchen und zwei Turteltäubchen und dann schwirrten und schwärmten alle Vöglein unter dem Himmel herein und ließen sich um die Asche nieder. Und die Täubchen nickten mit den Köpfchen, pick, pick, pick, pick, und lasen alle guten Körnlein in die Schüssel. Kaum war eine Stunde herum, so waren sie fertig und flogen wieder hinaus.

Da brachte das Mädchen die Schüssel der Stiefmutter und hoffte, es dürfte nun mit aufs Fest gehen. Aber sie sprach: „Nein, Aschenputtel, du hast keine Kleider und kannst nicht tanzen: Du wirst nur ausgelacht und wir müssten uns deiner schämen." Darauf eilte sie mit ihren zwei stolzen Töchtern fort.

Als nun niemand mehr daheim war, ging Aschenputtel zu seiner Mutter Grab unter dem Haselbaum und rief:

„Bäumchen, rüttel dich und schüttel dich,
wirf Gold und Silber über mich."

Da warf der Vogel ein golden und silbern Kleid herunter und mit Silber bestickte Pan-

toffeln. In aller Eile zog es das Kleid an und ging zur Hochzeit. Seine Schwestern aber und die Stiefmutter kannten es nicht und meinten, es müsse eine fremde Königstochter sein, so schön sah es aus. An Aschenputtel dachten sie gar nicht. Der Königssohn kam ihm entgegen, nahm es bei der Hand und tanzte mit ihm. Er wollte auch sonst mit niemand tanzen, und wenn ein anderer kam, es aufzufordern, sprach er: „Das ist meine Tänzerin."

Es tanzte, bis es Abend war, da wollte es nach Haus gehen. Der Königssohn aber sprach: „Ich begleite dich", denn er wollte sehen, wem das schöne Mädchen angehörte. Sie entwischte ihm aber und sprang in das Taubenhaus. Nun wartete der Königssohn, bis der Vater heimkam. Der Alte dachte: Sollte es Aschenputtel sein?, und sie mussten ihm Axt und Hacken bringen, damit er das Taubenhaus entzweischlagen konnte: Aber es war niemand darin. Und als sie ins Haus kamen, lag Aschenputtel in seinen schmutzigen Kleidern in der Asche und nur ein trübes Öllämpchen brannte; denn Aschenputtel war geschwind hinten aus dem Taubenhaus gesprungen und zu dem Haselbäumchen gelaufen. Da hatte es die schönen Kleider aufs Grab gelegt und der Vogel hatte sie wieder weggenommen.

Am andern Tag, als das Fest von Neuem anhub und die Eltern und Stiefschwestern fort waren, ging Aschenputtel zu dem Haselbaum und sprach:

„Bäumchen, rüttel dich und schüttel dich,
wirf Gold und Silber über mich."

Da warf der Vogel ein noch viel stolzeres Kleid herab als am Vortag. Und als es mit diesem Kleide auf der Hochzeit erschien, staunte jedermann über seine Schönheit. Der Königssohn aber hatte nur auf es gewartet und nahm es gleich bei der Hand und tanzte nur mit

ihm. Wenn die andern es aufforderten, sprach er: „Das ist meine Tänzerin."

Als es nun Abend war, wollte es fort und der Königssohn ging ihm nach, um zu sehen, in welches Haus es ging: Aber es sprang in den Garten hinter dem Haus. Darin stand ein schöner, großer Baum, an dem die herrlichsten Birnen hingen, und der Königssohn wusste nicht, wo es hingekommen war. Er wartete aber, bis der Vater kam, und sprach zu ihm: „Das fremde Mädchen ist mir entwischt und ich glaube, es ist auf den Birnbaum gesprungen."

Der Vater dachte: Sollte es Aschenputtel gewesen sein?, ließ sich die Axt holen und hieb den Baum um, aber es war niemand darauf. Und als sie in die Küche kamen, schlief Aschenputtel in der Asche, wie sonst auch, denn es war auf der andern Seite vom Baum herabgesprungen, hatte dem Vogel auf dem Haselbäumchen die schönen Kleider gebracht und sein graues Kittelchen angezogen.

Am dritten Tag, als die Eltern und Schwestern fort waren, ging Aschenputtel wieder zu seiner Mutter Grab und sprach zu dem Bäumchen:

„Bäumchen, rüttel dich und schüttel dich,
wirf Gold und Silber über mich."

Nun warf ihm der Vogel ein Kleid herab, das war so prächtig und glänzend, wie es noch keins gehabt hatte, und die Schuhe waren ganz golden. Als es in dem Kleid zu der Hochzeit kam, wussten sie alle nicht, was sie vor Verwunderung sagen sollten. Der Königssohn tanzte ganz allein mit ihm, und wenn es einer aufforderte, sprach er: „Das ist meine Tänzerin."

Als es nun Abend war, wollte Aschenputtel fort und entsprang dem Königssohn so geschwind, dass er wieder nicht folgen konnte. Der aber hatte eine List gebraucht und die ganze Treppe mit Pech bestreichen lassen: Da blieb, als es hinabsprang, der linke Schuh des Mädchens hängen. Der Königssohn hob ihn auf und er war klein und zierlich und golden.

Am nächsten Morgen ging er damit umher und sagte: „Keine andere soll meine Gemahlin werden als die, an deren Fuß der Schuh passt."

Da freuten sich die beiden Schwestern, denn sie hatten schöne Füße. Die älteste ging mit dem Schuh in die Kammer und probierte ihn an. Aber sie konnte mit der großen Zehe nicht hineinkommen, der Schuh war ihr zu klein. Da reichte ihr die Mutter ein Messer und sprach: „Hau die Zehe ab: Wenn du Königin bist, so brauchst du nicht mehr zu Fuß zu gehen."

Das Mädchen hieb die Zehe ab, zwängte den Fuß in den Schuh, verbiss den Schmerz und ging hinaus. Der Königssohn nahm sie als seine Braut aufs Pferd und ritt mit ihr fort.

Sie mussten aber an dem Grabe vorbei, da saßen die zwei Täubchen auf dem Haselbäumchen und riefen:

„Rucke di guh, rucke di guh,
Blut ist im Schuh.
Der Schuh ist zu klein,
die rechte Braut sitzt noch daheim."

Da blickte er auf ihren Fuß und sah, wie das Blut herausquoll. Er wendete sein Pferd und brachte die falsche Braut wieder nach Hause. Da ging die andere Schwester in die Kammer und kam mit den Zehen glücklich in den Schuh, aber die Ferse war zu groß. Da reichte ihr die Mutter ein Messer und sprach: „Hau ein Stück von der Ferse ab: Wenn du Königin bist, brauchst du nicht mehr zu Fuß zu gehen."

Das Mädchen hieb ein Stück von der Ferse ab, zwängte den Fuß in den Schuh, verbiss den Schmerz und ging hinaus zum Königssohn. Der nahm sie als Braut aufs Pferd und ritt mit ihr fort. Als sie an dem Haselbäumchen vorbeikamen, saßen die zwei Täubchen darauf und riefen:

„Rucke di guh, rucke di guh,
Blut ist im Schuh.
Der Schuh ist zu klein,
die rechte Braut sitzt noch daheim."

Er blickte auf ihren Fuß und sah, wie das Blut aus dem Schuh quoll und an den weißen Strümpfen rot heraufgestiegen war. Da brachte er die falsche Braut wieder nach Hause.

„Das ist auch nicht die rechte", sprach er. „Habt ihr keine andere Tochter?"

„Nein", sagte der Mann, „nur von meiner verstorbenen Frau ist noch ein kleines, schmutziges Aschenputtel da."

Und so musste Aschenputtel gerufen werden. Da wusch es sich Hände und Angesicht rein, ging dann hin und verneigte sich vor dem Königssohn, der ihm den goldenen Schuh reichte. Dann setzte es sich auf einen Schemel, zog den Fuß aus dem schweren Holzschuh und steckte ihn in den goldenen Schuh, der passte wie angegossen. Und als es sich in die Höhe richtete, erkannte der Königssohn das schöne Mädchen, das mit ihm getanzt hatte, und rief: „Das ist die rechte Braut."

Die Stiefmutter und die beiden Schwestern wurden bleich vor Ärger. Er aber nahm Aschenputtel aufs Pferd und ritt mit ihm fort. Als sie an dem Haselbäumchen vorbeikamen, riefen die zwei weißen Täubchen:

„Rucke di guck, rucke di guh,
kein Blut im Schuh.
Der Schuh ist nicht zu klein,
die rechte Braut, die führt er heim."

Und als sie das gerufen hatten, kamen sie beide herabgeflogen und setzten sich dem Aschenputtel auf die Schultern, eine rechts, die andere links, und blieben da sitzen.

Warum ist der Regenbogen bunt?

Sicherlich hast du schon mal einen Regenbogen gesehen. Hast du genau erkannt, welche Farben er an den Himmel gezeichnet hat? Ist dir auch aufgefallen, wie der Regenbogen an den Himmel gekommen ist? Hat ihn jemand gemalt?

Versuch

Regenbogen suchen

Das brauchst du:

▶ Glaskristall

Mit einem Glaskristall entstehen bei Sonnenschein wunderschöne Regenbogenfarben. Aber erst einmal VORSICHT: Niemals direkt in die Sonne schauen – auch nicht durch den Kristall!!

Du hältst einen geschliffenen Glaskristall einfach ins Sonnenlicht und schaust dich um. Wo ist ein Regenbogen zu sehen? Hast du ihn gefunden? An der Wand? Oder auf dem Boden?

Sieh genau hin, welche Farben der Regenbogen enthält. Male doch mit Buntstiften auf ein Blatt Papier, was du siehst.

Die Farben sind: Rot, Orange, Gelb, Grün, Blau, Indigo (ein dunkles Blau) und Violett.

Und wo kommen sie her, die Farben? Aus der Sonne oder aus dem Glaskristall? Was meinst du? Mache vielleicht noch einen zweiten Versuch, wenn du nicht ganz sicher bist.

Versuch

Wo verstecken sich die Farben?

Das brauchst du:
- Echte Vogelfeder
- Kerze - Zündhölzer

Mit einem Erwachsenen zündest du eine Kerze an. Dann hältst du die Vogelfeder mit geringem Abstand vor ein Auge, schließt das andere und schaust – aber in sicherem Abstand! – auf die Kerzenflamme.

Was kannst du jetzt entdecken? Wieder Regenbogenfarben! Aber ganz ohne Glaskristall! Wo stecken sie also, die Regenbogenfarben? – **Im Licht!**

Warum sehen wir die Farben nur, wenn das Licht durch einen Kristall, eine Feder oder einen Regentropfen fällt und nicht immer?

Versuch

Farbenkreisel

Das brauchst du:
- Papierkreis aus festem Papier (ca. 5 cm Durchmesser)
- Einen Bleistiftstummel (notfalls auch Zahnstocher) ▶ Knetmasse
- Filzstifte in Regenbogenfarben

Auf den Papierkreis malst du sieben Felder in den Regenbogenfarben. Genau in die Mitte des Kreises steckst du dann den Bleistiftstummel oder Zahnstocher und drehst deinen Kreisel ganz schnell. (Die Knetmasse hilft, den Kreisel zu stabilisieren.)

Was fällt dir auf, wenn du den Kreisel schnell drehst? Die Farben vermischen sich und die Scheibe sieht gelblich hell aus. Wie das kommt? Verschwinden die Farben wirklich? Nein, sie sind noch da. Aber unser Auge ist einfach zu langsam. Wir nehmen die einzelnen Farben nicht wahr. So ist das auch mit dem Sonnenlicht. Die Farben stecken dort immer drin. Wir sehen sie jedoch erst, wenn sie durch Regentropfen oder wie in unserem Versuch durch Glasecken getrennt, das nennt man **gebrochen,** werden.

Für Eltern

Das sichtbare Licht besteht aus elektromagnetischen Wellen. Die Farben sind durch verschiedene Längen dieser Wellen, die sog. Wellenlänge, bestimmt. Das sichtbare Licht ist nur ein sehr kleiner Ausschnitt aus dem, was man das elektromagnetische Spektrum nennt.

Elektromagnetisches Spektrum

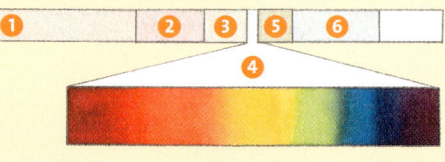

1 *Radiowellen*
2 *Mikrowellen inkl. Radar*
3 *Infrarotstrahlung*
4 *Sichtbares Licht*
5 *Ultraviolette Strahlung*
6 *Röntgenstrahlung*

Es enthält auf der besonders langwelligen und energieärmeren Seite außerdem Radiowellen und Mikrowellen. Vor dem sichtbaren Licht, vor dem langwelligen Rot, kommt das Infrarot. Dann folgt der Bereich des für den Menschen sichtbaren Lichts, der mit dem kurzwelligeren und energiereicheren Violett endet. Unmittelbar nach dem Violett folgt das ultraviolette Licht und im noch kurzwelligeren Bereich die Röntgenstrahlung. Überlagern sich alle für uns sichtbaren Farben, so sehen wir weißes Licht. Das heißt, die Mischung aller Lichtfarben ergibt Weiß.

Zum Singen

Grün, grün, grün sind alle meine Kleider *Volkslied*

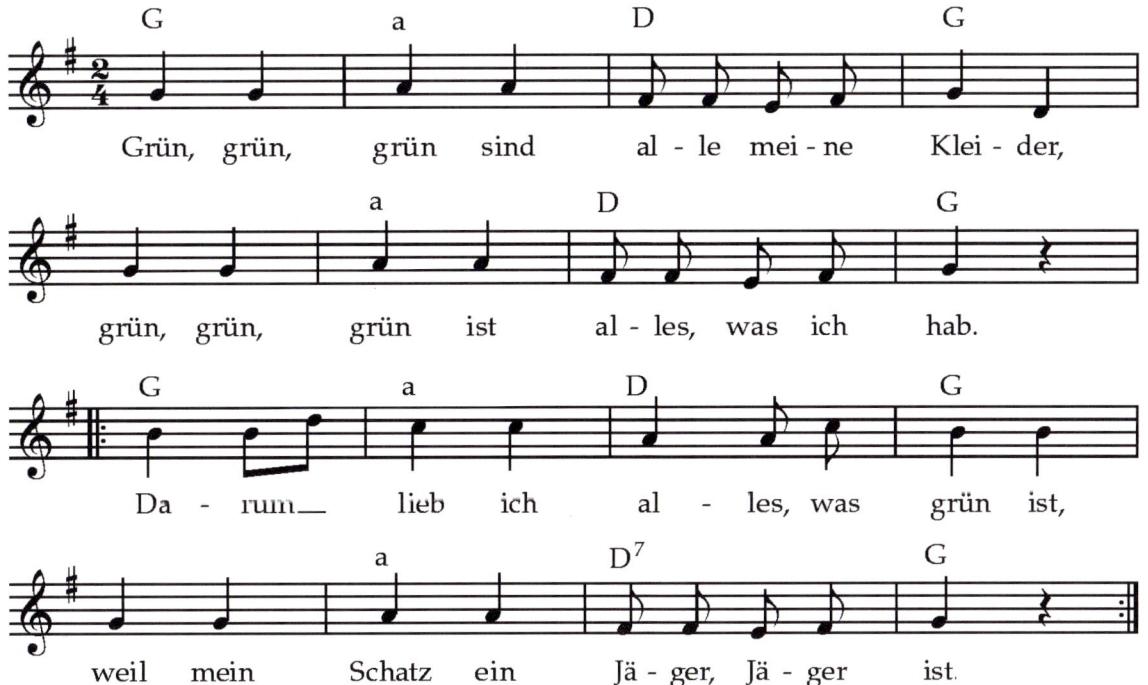

Grün, grün, grün sind al - le mei - ne Klei - der,

grün, grün, grün ist al - les, was ich hab.

Da - rum_ lieb ich al - les, was grün ist,

weil mein Schatz ein Jä - ger, Jä - ger ist.

Übrigens sehen Tiere die Welt nicht unbedingt so wie wir, da sie andere Augen haben und das Licht anders wahrnehmen. So sehen Hühner „Falschfarben", also zum Beispiel statt Gelb Violett. Sie können auch verschiedene Rot- und Blautöne sehen, die wir nicht als eigene Farben erkennen. Hunde dagegen sehen gar keine Farben, sondern nur Grautöne. Einige Schlangen (z. B. die Boa oder Python) nehmen mit einer kleinen Grube neben den Augen ein Rot wahr, das wir gar nicht sehen können, das Infrarot. Das bedeutet, dass sie eine Art Wärmebild ihrer Umgebung sehen und so auch im Dunkeln Beute finden können.

Warum werden die Farben schmutzig?

Ist dir das auch schon passiert? Du malst mit den Farben aus deinem Malkasten und aus einem leuchtenden Gelb wird ein scheußlich schmutziges Braun, nur weil du vielleicht den Pinsel nicht ganz, ganz ordentlich ausgewaschen hast. Woran liegt das?

Versuch

Farben mischen

Das brauchst du:

- Malkasten oder Tubenfarben (z. B. Acryl)
- Pinsel ▶ Malerkittel ▶ altes Tuch
- Becher mit Wasser zum Reinigen
- Palette oder Konservendeckel
- Papier ▶ alte Zeitung

Nimm dir einen sauberen Farbkasten oder kleine Tuben Acrylfarbe in Blau, Gelb und Rot. Dann legst du ein weißes Blatt Papier auf den Tisch, ziehst dir am besten einen Malerkittel an und legst dir einen Becher mit Wasser, einen Pinsel, Zeitung und ein altes Tuch zurecht. Besorge dir noch eine Palette oder einfach einen großen Konservendeckel. Darin kann man gut mischen.

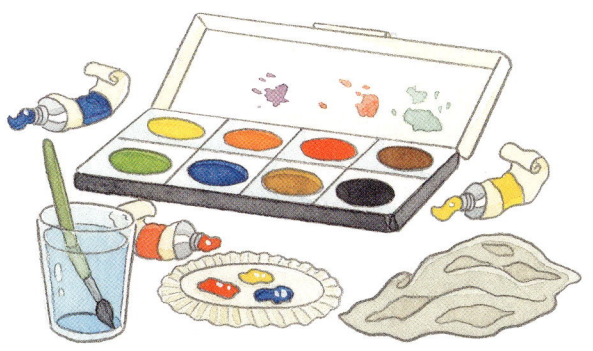

2. Dann wäschst du deinen Pinsel gut aus und mischst Rot und Gelb. Das Ergebnis malst du in das Feld ROT/GELB.

3. Wenn du deinen Pinsel dann wieder gut gereinigt hast, mischst du noch Blau und Gelb und malst das Ergebnis in das Feld BLAU/GELB.

Am besten bittest du einen Erwachsenen oder ein älteres Kind, die Tabelle auf dieser Seite zu kopieren oder abzuzeichnen. Damit kannst du genau prüfen, was bei deinen Mischungen herauskommt!

	Rot	Blau	Gelb
Rot	🔴		
Blau		🔵	
Gelb			🟡

1. Nimm erst ein wenig Rot und mische es mit ein wenig Blau. Mit dieser Mischung malst du z. B. einen Punkt in die beiden Felder ROT/BLAU.

Der Farbkreis

Welche Farben hast du herausbekommen? Vergleiche sie mal mit dem Farbkreis von Johann Wolfgang von Goethe. Sind deine Farben ähnlich wie die im Kreis?
Jetzt prüfe mal, was passiert, wenn du die Farben mischst, die im Farbkreis gegenüberliegen? Also: Blau und Orange, Lila und Gelb usw.

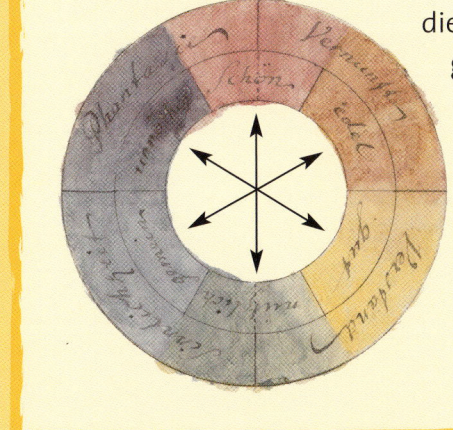

Farben, die im Farbkreis gegenüberliegen, mischen sich zu Schwarz. Man nennt sie Komplementärfarben. Wenn du sie nebeneinandermalst, springt das ins Auge. Es baut sich Spannung auf. Schau mal auf die nächste Seite …

Farben in der Kunst

Den Trick mit den „gegenüberliegenden" Farben haben sich viele Maler zunutze gemacht. Ein Beispiel ist Franz Marc mit seinen Tierbildern. Findest du auch, dass durch die Komplementärfarben Spannung entsteht?

Versuch

Farben trennen

Kann man die Farben, die man gemischt hat, denn auch wieder trennen?

Das brauchst du:
- ◗ Rundes, weißes Filterpapier
- ◗ Wasserlösliche Filzstifte
- ◗ Gläser mit Wasser ◗ Schere

1. Schneide aus Filterpapier einen Kreis, den du in der Mitte über Kreuz einschneidest.

2. Um diesen Schnitt herum malst du einen Kreis mit einem der Filzstifte.

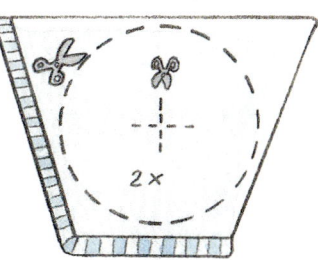

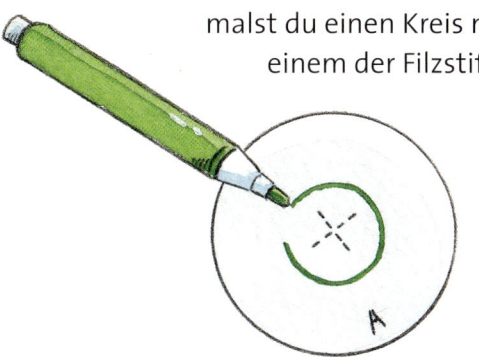

3. Dann drehst du aus einem weiteren Filterpapierkreis eine Stange, die du durch das Kreuzchen schiebst wie einen Strohhalm.

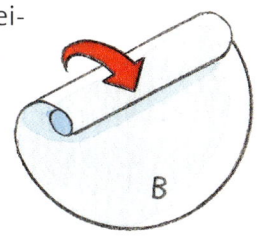

4. Lege nun den bemalten Filterpapierkreis so auf das Glas, dass er auf dem Rand aufliegt und die Filterpapierrolle ins Wasser hineinragt.

5. So soll das aussehen. Warte ein bisschen. Was ist zu beobachten?

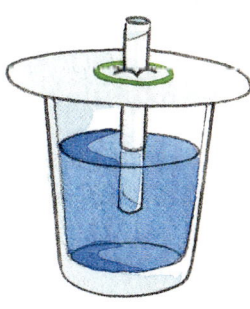

Jetzt kannst du auch versuchen, Farben zu mischen und zu trennen. Male verschiedene Kreise nacheinander auf das Papier, z. B. einen blauen und einen gelben Kreis. Was passiert, wenn das Wasser durch das Filterpapier zieht?

Diese Methode, Farben zu trennen, wird in der Chemie auch für andere Stoffe verwendet. Man nennt sie Chromatografie. Übrigens arbeitet auch die Polizei mit diesem Verfahren wenn sie Spuren untersucht.

Zum Spielen und Basteln

Kartoffeldruck

Wie das mit der Überlagerung der Farben beim Drucken funktioniert, kannst du selbst mit dem Kartoffeldruck testen.

Du brauchst dazu:
▶ Farben, die sich mischen lassen (z.B. die Acrylfarben oder Wasserfarben von weiter vorne) ▶ Kartoffeln
▶ Ein scharfes Messer (Vorsicht!)
▶ Ein Brettchen zum Schneiden
▶ Bleistift und Pinsel ▶ Papier

Nimm dir eine Kartoffel und halbiere sie mit dem Messer. Auf die glatte Fläche kannst du jetzt ein Muster aufmalen oder auch mit einem Förmchen einstechen und dann mit dem Messer etwas ausschneiden. Dann pinselst du die Fläche deiner Druckvorlage mit Farbe ein und drückst ruhig und fest auf das Papier.

Schön, oder? Jetzt kannst du mit einer anderen Farbe drucken. Wenn du die beiden Formen etwas übereinanderdruckst, kannst du sehen, wie die Farbmischung entsteht. Viel Spaß beim Dekorieren. Damit kannst du schönes Geschenkpapier selbst basteln.

Für Eltern

Die Grundfarben des Vierfarbendrucks sind Magenta, Cyan, Gelb und Schwarz. Ihre Mischung ergibt alle Farben und Grauschattierungen. Der Goethische Farbkreis geht dagegen von den Grundfarben Rot, Blau und Gelb aus, was jedoch nicht ganz korrekt ist. Rot und Blau sind bereits Mischfarben, zumindest wenn man von Pigmentfarben spricht. Bei der Überlagerung der Pigmentfarben wird die Mischung immer dunkler bis hin zu Schwarz, denn jede Farbe absorbiert, also verschluckt einen anderen Teil des Lichts, sodass mit der Überlagerung immer weniger Licht reflektiert wird. Es wird weniger Licht, daher nennt man das *subtraktive* Farbmischung.

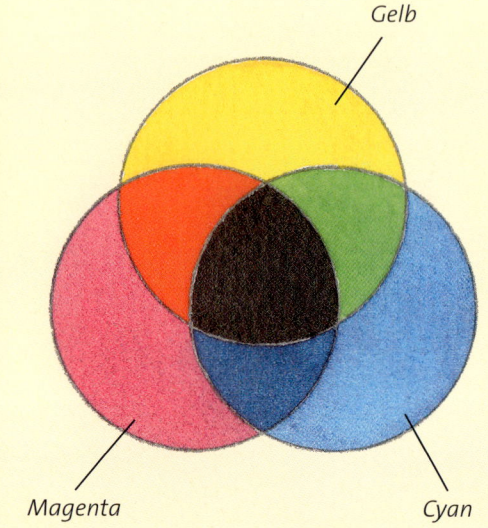

Gelb

Magenta

Cyan

Licht und Schatten

Wo kommt denn der Schatten her?

**Was passiert denn hier? Hat der Fuchs sich verwandelt?
Aber nein, das ist sein Schatten. Hast du auch einen Schatten?
Immer? Wo ist er jetzt?**

Zum Spielen

Schattentiere

Versuche, deinen Schatten zu finden – am besten an der
Wand in einem dunklen Raum mit einer Lampe auf dem
Boden oder auf einem Tisch. Wenn du deinen Schatten gefun-
den hast, kannst du mit deiner Hand verschiedene Tiere erfinden:
eine Katze, einen Schmetterling, eine Ente, einen Schwan.
Fällt dir noch mehr ein?
Dann macht doch ein
Ratespiel daraus.
Wer erkennt, was
du gerade für ein
Tier darstellst?

*Werfen alle Dinge Schat-
ten? Probiere es mit einem
Versuch aus.*

Versuch

Schattenwerfer

Das brauchst du:
▶ Eine Taschenlampe
▶ Einige Gegenstände wie z. B. ein Buch, ein Glas, eine Jacke, eine Plastikfolie, ein Spielzeugauto ▶ Evtl. weißen Karton

Kannst du dein Zimmer verdunkeln? Dann kann man die Schatten besser testen! Falls nicht, suche dir doch eine Höhle – vielleicht unter einem Tisch. Dann nimmst du die Gegenstände, legst sie vor eine Wand oder einen weißen Karton und leuchtest sie mit einer Taschenlampe an: Was kannst du sehen? Sieht das bei allen Gegenständen gleich aus?

Für Eltern

Wenn Licht auf einen Gegenstand trifft, wird es absorbiert („verschluckt"), reflektiert („zurückgestrahlt") oder durchgelassen. Licht wird nur von transparenten Gegenständen wie z. B. einem Glas zu großen Teilen durchgelassen. Wird das Licht reflektiert oder absorbiert, ergibt sich hinter dem Gegenstand ein genaues Abbild der Gegenstandsumrisse, der Schatten. Gegenstände, die keine Schatten oder nur ganz leichte Schatten werfen, sind somit **transparent** bzw. **durchsichtig.**
Trifft Licht auf kleine Teilchen (z. B. Luftmoleküle), so wird es gestreut. Durch Streuung von Licht sehen wir z. B. den Himmel blau und Milch weiß.

Wie sehen die Dinge aus, die keine Schatten werfen? Was haben sie gemeinsam? Haben sie eine Farbe?
Die Gegenstände, die keine Schatten werfen, haben keine richtige Farbe. Man nennt sie durchsichtig oder transparent oder klar.

Versuch

Wie der Schatten wächst

Das brauchst du:

◗ Schwarzes Papier ◗ Holzstäbchen
◗ Schere ◗ Lampe/Taschenlampe
◗ Klebestreifen

Schneide dir aus schwarzem Papier ein Gespenst oder dein Lieblingstier aus. Das klebst du an einen Holzspieß und verdunkelst das Zimmer. Eine Lampe hilft dir wieder, Schatten zu werfen.

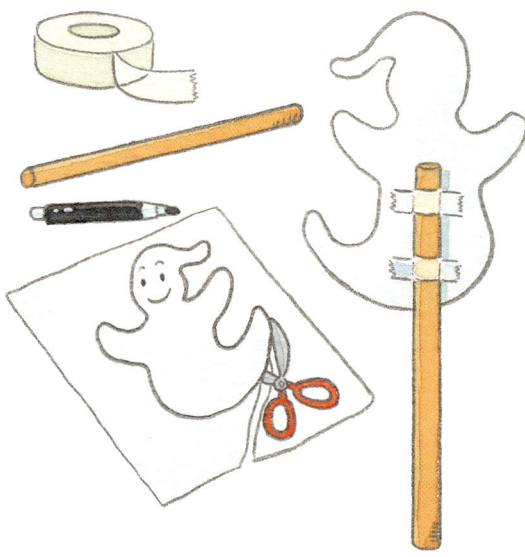

Kann der Schatten, den du mit deinem Tier an die Wand wirfst, größer und kleiner werden? Wie geht das?

Genau! Hältst du dein Tier nah zu deinem Licht hin, dann wird der Schatten sehr, sehr groß. Gehst du weg vom Licht und nah an die Wand, dann wird der Schatten immer kleiner.

Für Eltern

Da sich das Licht von der Lampe aus in gerader Linie kegelförmig ausbreitet, deckt das Papier unmittelbar an der Lampe sehr viel Licht ab. Je weiter die Papierfigur von der Lampe weg in den Lichtstrahl gehalten wird, desto weniger Licht wird von ihr blockiert. Der Schatten wird kleiner.

Und wie wäre es jetzt mit einem kleinen Schattentheater? Es eignet sich eigentlich jede Geschichte als Vorlage. Besonders schön sind solche mit Verwandlungen, wie z. B. im „Gestiefelten Kater" oder in „Josa mit der Zauberfiedel" (Janosch).

Zum Raten

Welcher Schatten passt?

Kannst du dir denken, welcher dieser Gegenstände einen Schatten wirft und welcher nicht? Versuche es.

Zum Spielen

Schatten fangen

Auch draußen kann man mit den Schatten spielen. Man kann den Schatten fangen. Probiert das einmal, wenn ihr bei Sonnenschein draußen seid. Du bist immer dann gefangen, wenn der Fänger auf deinen Schatten gesprungen ist.

Nicht alles, was man nicht sehen kann, ist transparent, so wie bei deinem Versuch „Schattenwerfer". Manchmal ist da auch wirklich nichts. Kennst du die Geschichte vom Kaiser und seinen Kleidern?

Des Kaisers neue Kleider

Hans Christian Andersen

Vor vielen Jahren lebte ein Kaiser, der so ungeheuer viel auf neue Kleider hielt, dass er all sein Geld dafür ausgab, um recht geputzt zu sein. Er kümmerte sich nicht um seine Soldaten, kümmerte sich nicht um das Theater und liebte es nur, spazieren zu fahren, um seine neuen Kleider zu zeigen. Er hatte einen Rock für jede Stunde des Tages und ebenso, wie man sonst von einem Könige sagt, er sei im Rate, sagte man hier immer: „Der Kaiser ist in der Garderobe!"

In der großen Stadt, in welcher er wohnte, ging es sehr munter zu; an jedem Tag trafen viele Fremde daselbst ein. Eines Tages kamen auch zwei Betrüger an; sie gaben sich für Weber aus und sagten, dass sie das schönste Zeug, das man sich denken könne, zu weben verständen. Die Farben und das Muster wä-

ren nicht allein ungewöhnlich schön, sondern die Kleider, die von dem Zeuge genäht würden, besäßen die wunderbare Eigenschaft, dass sie für jeden Menschen unsichtbar wären, der nicht für sein Amt tauge oder der unverzeihlich dumm sei.

Das wären ja prächtige Kleider, dachte der Kaiser, wenn ich die anhätte, könnte ich ja dahinterkommen, welche Männer in meinem Reiche zu dem Amte, das sie innehaben, nicht taugen; ich könnte die Klugen von den Dummen unterscheiden! Ja, das Zeug muss sogleich für mich gewebt werden! Und er gab den beiden Betrügern viel Handgeld, damit sie ihre Arbeit beginnen möchten.

Sie stellten auch zwei Webstühle auf und taten, als ob sie arbeiteten; aber sie hatten nicht das Geringste auf dem Stuhle. Frech verlangten sie die feinste Seide und das prächtigste Gold, das steckten sie in die eigenen Taschen und arbeiteten an den leeren Stühlen bis spät in die Nacht hinein.

Ich möchte doch wohl wissen, wie weit sie mit dem Zeuge sind!, dachte der Kaiser. Aber es war ihm ordentlich beklommen zumute, wenn er daran dachte, dass derjenige, welcher dumm sei oder nicht zu seinem Amte tauge, es nicht sehen könne. Nun glaubte er zwar, dass er für sich selbst nichts zu fürchten habe, aber er wollte doch erst einen andern senden, um zu sehen, wie es damit stände. Alle Menschen

in der ganzen Stadt wussten, welche besondere Kraft das Zeug habe, und alle waren begierig zu sehen, wie schlecht oder dumm ihr Nachbar sei.

Ich will meinen alten, ehrlichen Minister zu den Webern senden!, dachte der Kaiser. Er kann am besten beurteilen, wie das Zeug sich ausnimmt, denn er hat Verstand und keiner versteht sein Amt besser als er!

Nun ging der alte, gute Minister in den Saal hinein, wo die zwei Betrüger saßen und an den leeren Webstühlen arbeiteten. Gott behüte uns!, dachte der alte Minister und riss die Augen auf. Ich kann ja gar nichts erblicken! Aber das sagte er nicht.

Beide Betrüger baten ihn, gefälligst näher zu treten, und fragten, ob es nicht ein schönes Muster und schöne Farben seien. Dann zeigten sie auf den leeren Webstuhl und der arme, alte Minister fuhr fort, die Augen aufzureißen; aber er konnte nichts sehen, denn es war nichts da. Herr Gott!, dachte er. Sollte ich dumm sein? Das habe ich nie geglaubt und das darf kein Menschen wissen. Sollte ich nicht zu meinem Amt taugen? Nein, es geht nicht an, dass ich erzähle, ich könnte das Zeug nicht sehen!

„Nun, Sie sagen nichts dazu?", fragte der eine, der da webte.

„Oh, es ist ganz niedlich, ganz allerliebst!", antwortete der alte Minister und sah durch seine Brille. „Dieses Muster und diese Farben! Ja, ich werde dem Kaiser sagen, dass es mir sehr gefällt."

„Nun, das freut uns!", sagten beide Weber und darauf nannten sie die Farben mit Namen und erklärten das seltsame Muster. Der alte Minister passte gut auf, damit er dasselbe sagen könnte, wenn er zum Kaiser zurückkäme, und das tat er.

Jetzt verlangten die Betrüger mehr Geld, mehr Seide und mehr Gold, das sie zum Weben gebrauchen wollten. Sie steckten alles in ihre eigenen Taschen, auf den Webstuhl kam kein Faden, aber sie fuhren fort wie bisher, an dem leeren Webstuhle zu arbeiten.

Der Kaiser sandte bald wieder einen anderen ehrlichen Staatsmann hin, um zu sehen, wie es mit dem Weben stände und ob das Zeug bald fertig sei; es ging ihm gerade wie dem ersten; er sah und sah; weil aber außer dem leeren Webstuhle nichts da war, so konnte er nichts sehen.

„Ist das nicht ein hübsches Stück Zeug?", fragten die beiden Betrüger und zeigten und erklärten das prächtige Muster, welches gar nicht da war.

Dumm bin ich nicht!, dachte der Mann. Es ist also mein gutes Amt, zu dem ich nicht tauge. Es ist komisch genug, aber das muss man sich nicht merken lassen! Und so lobte er das Zeug, welches er nicht sah, und versicherte ihnen seine Freude über die schönen Farben und das herrliche Muster.

„Ja, es ist ganz allerliebst", sagte er zum Kaiser.

Alle Menschen in der Stadt sprachen von dem prächtigen Zeuge.

Nun wollte der Kaiser es selbst sehen, während es noch auf dem Webstuhle sei. Mit einer ganzen Schar ausgewählter Männer, unter denen auch die beiden ehrlichen Staatsmänner waren, die schon früher dort gewesen, ging er zu den beiden listigen Betrügern hin, die nun aus allen Kräften webten, aber ohne Faser und Faden.

„Ist das nicht prächtig?", sagten die beiden alten Staatsmänner, die schon einmal da gewesen waren. „Sehen Euer Majestät, welches Muster, welche Farben!" Und dann zeigten sie auf den leeren Webstuhl, denn sie glaubten, dass die andern das Zeug wohl sehen könnten.

Was?, dachte der Kaiser. Ich sehe gar nichts! Das ist ja schrecklich! Bin ich dumm? Tauge ich nicht dazu, Kaiser zu sein? Das wäre das Schrecklichste, was mir begegnen könnte. – „Oh, es ist sehr hübsch!", sagte er. „Es hat meinen allerhöchsten Beifall!" Und er nickte zufrieden und betrachtete den leeren Webstuhl, denn er wollte nicht sagen, dass er nichts sehen könne. Das ganze Gefolge, das er bei sich hatte, sah und sah und bekam nicht mehr heraus als alle die andern; aber sie sagten wie der Kaiser: „Oh, das ist hübsch!" Und sie rieten ihm, diese neuen, prächtigen Kleider das erste Mal bei der großen Prozession, die bevorstand, zu tragen. „Es ist herrlich, niedlich, reizend!", ging es von Mund zu Mund; man schien allseits innig erfreut darüber und der Kaiser verlieh den Betrügern den Titel: „Kaiserliche Hofweber".

Die ganze Nacht vor dem Morgen, an dem die Prozession stattfinden sollte, waren die Betrüger auf und hatten über sechzehn Lichter angezündet. Die Leute konnten sehen, dass sie stark beschäftigt waren, des Kaisers neue Kleider fertig zu machen. Sie taten, als ob sie das Zeug von dem Webstuhle nähmen, sie schnitten mit großen Scheren in die Luft, sie nähten mit Nähnadel ohne Faden und sagten zuletzt: „Nun sind die Kleider fertig!"

Der Kaiser kam mit seinen vornehmsten Kavalieren selbst dahin und beide Betrüger hoben den einen Arm in die Höhe, als ob sie etwas hielten, und sagten: „Seht, hier sind die Beinkleider! Hier ist der Rock! Hier der Mantel! – Es ist so leicht wie Spinnengewebe; man sollte glauben, man habe nichts auf dem Leibe; aber das ist gerade ihre Schönheit!"

„Ja!", sagten alle Kavaliere; sie konnten nichts sehen, denn es war nichts da.

„Belieben Euer Kaiserliche Majestät, jetzt Ihre Kleider allergnädigst auszuziehen", sagten die Betrüger, „so wollen wir Ihnen die neuen anziehen, hier vor dem großen Spiegel!"

Der Kaiser legte alle seine Kleider ab und die Betrüger stellten sich, als ob sie ihm jedes Stück der neuen Kleider anzögen, welche fertig wären; und der Kaiser wendete sich und drehte sich vor dem Spiegel.

„Ei, wie gut sie kleiden! Wie herrlich sie sitzen!", sagten alle. „Welches Muster, welche Farben! Das ist eine köstliche Tracht!"

„Draußen stehen sie mit dem Thronhimmel, welcher über Euer Majestät in der Prozession getragen werden soll", meldete der Oberzeremonienmeister.

„Seht, ich bin fertig!", sagte der Kaiser. „Sitzt es nicht gut?" Und dann wendete er sich nochmals zu dem Spiegel, denn es sollte scheinen, als ob er seinen Schmuck recht betrachte.

Die Kammerherren, welche die Schleppe tragen sollten, griffen mit den Händen nach dem Fußboden, gerade als ob sie die Schleppe aufhöben; sie gingen und taten, wie wenn sie etwas in der Luft hielten; sie wagten nicht, es sich merken zu lassen, dass sie nichts sehen konnten.

So ging der Kaiser in Prozession unter dem prächtigen Thronhimmel und alle Menschen auf der Straße und in den Fenstern sprachen: „Gott, wie sind des Kaisers neue Kleider unvergleichlich!" Keiner wollte es sich merken lassen, dass er nichts sehe; denn dann hätte er ja nicht zu seinem Amte getaugt oder wäre sehr dumm gewesen.

„Aber er hat ja nichts an!", sagte endlich ein kleines Kind.

„Herr Gott, die Stimme des unschuldigen Kindes!", sagte der Vater; und der eine zischelte dem andern zu, was das Kind gesagt hatte.

„Aber er hat ja nichts an!", rief zuletzt das ganze Volk. Das ergriff den Kaiser, denn es schien ihm, als hätten die recht; aber er dachte sich: Nun muss ich die Prozession aushalten. Und die Kammerherren gingen noch aufrechter und trugen die Schleppe, die gar nicht da war.

Wohin geht die Sonne am Abend?

Über den Tag hinweg kannst du die Sonne an verschiedenen Stellen des Himmels beobachten. Ist dir schon einmal aufgefallen, wo sie morgens zu sehen ist? Und wo befindet sie sich am Abend, wenn du zu Bett gehst? Wo ist sie in der Nacht? Hast du eine Idee, wohin die Sonne geht?

Versuch

Tag und Nacht

Das brauchst du:

▶ Stricknadel/Schaschlikspieß ▶ Lampe
▶ Orange/Pampelmuse ▶ Folienstift

1. Nimm dir eine Orange oder eine Pampelmuse und male mit einem Stift einen Punkt auf die Schale. Die Orange ist jetzt unsere Erde und an dem Punkt wohnst du! Jetzt steckst du die Orange auf eine Stricknadel oder einen Schaschlikspieß.

2. Nun verdunkle dein Zimmer und schalte ein kleines Licht oder eine Taschenlampe an. Halte die Orange an der Nadel bzw. dem Spieß so vor die Lampe, dass der Punkt gut im Licht liegt. Bei dir ist jetzt Tag! Jetzt dreh den Spieß, sodass sich der Punkt langsam von der Lampe wegdreht. Was passiert? Es wird dunkler und dunkler, bis kein Licht mehr an den Punkt gelangt. Jetzt ist bei dir Nacht.

Für uns sieht es also nur so aus, als ob sich die Sonne bewegt. In Wirklichkeit dreht sich die Erde – und wir mit ihr! So entstehen für uns Tag und Nacht. Und wenn bei uns in Deutschland Tag ist, ist auf der anderen Seite der Erde, zum Beispiel in *Los Angeles* in Amerika, Nacht.

Zum Staunen

Licht in der Kunst

Ist dir schon einmal aufgefallen, dass sich das Licht im Laufe des Tages immer ein bisschen verändert? Man sieht die Sonne an verschiedenen Stellen und sie wirkt unterschiedlich hell. Am Morgen und am Abend zum Beispiel erscheint das Licht eher orange-gelb. Am Mittag eines Sommertags dagegen hat man den Eindruck, dass es grellweiß ist. Mit dem Licht verändert sich auch die Stimmung. Ganz berühmte unterschiedliche Lichteindrücke hat der Künstler Claude Monet gemalt:

Die Creuse (ein Fluß) bei Sonnenuntergang, 1889

Heuschober bei Giverny, 1886

Wie leuchtet der Mond?

Die Sonne wandert also gar nicht. Das sieht nur so aus, weil sich die Erde dreht. Und wie ist das mit dem Mond? Wenn du abends aus dem Fenster siehst, ist er manchmal da, manchmal nicht. An einem Abend ist er kugelrund, dann wieder eine Sichel. Wird da an verschiedenen Stellen ein Licht angeschaltet?

Versuch

Mondphasen

Das brauchst du:
- Globus ▸ Lampe ▸ Faden
- Tischtennisball ▸ Klebestreifen

1. Erst einmal befestigst du den Tischtennisball mit dem Klebestreifen an einem etwa 15 cm langen Stückchen Faden. Das ist dein Mond.

2. Den Globus stellst du neben die Lampe und dunkelst das Zimmer ein bisschen ab. Was kannst du zunächst sehen? Es fällt Licht auf eine Seite des Globus. Das ist die Tagseite deiner Erde.

3. Wie kommt jetzt der Mond, also der Tischtennisball, ins Spiel? Und wie kommt der an Licht? Er soll doch leuchten! Wenn du ihn neben den Globus hältst, fällt dir sicher auf, dass er jetzt auch hell aussieht. Er wirkt fast wie ein Spiegel und wirft das Licht der Lampe zurück. So macht das auch der Mond mit dem Sonnenlicht.

4. Und wie sieht man nun den Mond von der Erde aus? Ist er ganz beleuchtet oder nur ein Teil? Wenn man vom Globus aus schaut, ist nur ein Teil des Balls hell, ein Teil ist dunkel. So sieht der Mond für uns oft aus.

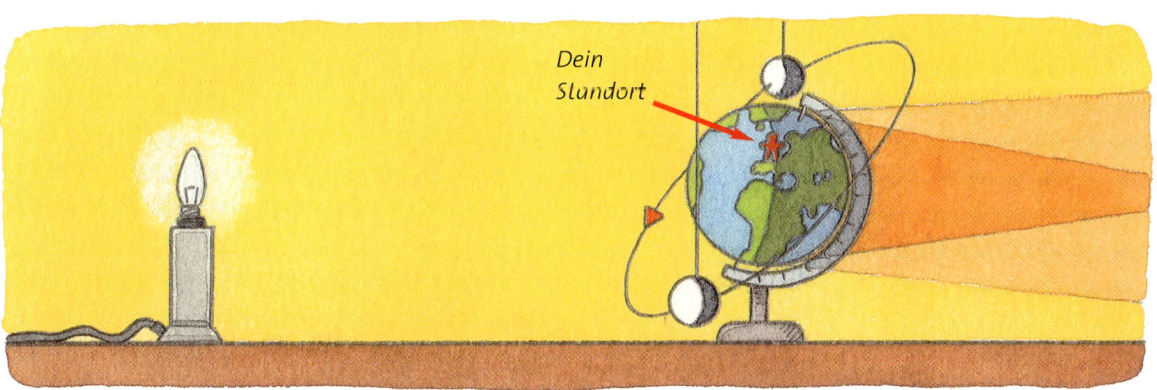

Dein Standort

Der Mond umkreist die Erde. Deswegen sieht er für uns immer anders aus. Wenn sich der Mond zwischen Sonne und Erde befindet, wird er auf der Erdseite gar nicht angestrahlt. Wir sehen ihn dann gar nicht. Das nennt man **Neumond.**

Versuch

Vollmond

Das brauchst du:
- Globus
- Lampe ▸ Faden
- Tischtennisball
- Klebestreifen

Findest du auch heraus, wann Vollmond ist? Wenn der Mond hinter der Erde ist? Dann bewegt er sich doch im Dunkeln? Hast du eine Idee, wie das gehen könnte?

Die Erde wird von der Lampe, also der Sonne angestrahlt und sie wirft auf der anderen Seite einen Schatten. Der Mond bewegt sich meist oberhalb oder unterhalb dieses Schattens. Lass also den Tischtennisball nicht um den Äquator, die dicke Mitte, deines Globus kreisen, sondern etwas über und unter der Erde her.

Versuch

Mondfinsternis

Und wenn der Mond doch in den Schatten der Erde gerät? Dann ist das eine Mondfinsternis. Versuch es selbst!

Das brauchst du:
- Globus ▸ Lampe ▸ Faden
- Tischtennisball ▸ Klebestreifen

Wieder lässt du den Tischtennisball als Mond um den Globus kreisen. Jetzt beobachte den Ball genau, wenn du ihn langsam in den Schatten, den die Erde wirft, treten lässt. (Du kannst auch einen Mond aus Papier basteln, indem du einen gelben Kreis ausschneidest und langsam in den Erdschatten schiebst.)

Was ist zu sehen? Der Schatten des Globus fällt so auf den Tischtennisball, dass er langsam zu einer Sichel abgedunkelt wird, bis er ganz im Dunkeln liegt. Etwa zwei- bis dreimal im Jahr geschieht es, dass der Mond ganz im Schatten der Erde verschwindet – das ist eine **Mondfinsternis**.

Aus dem runden Schatten auf dem Mond haben die Griechen in der Antike, also vor mehr als 3000 Jahren, schon geschlossen, dass die Erde eine Kugel sein muss und keine Scheibe, wie das danach in der Ritterzeit geglaubt wurde.

Übrigens, wenn du den Ball genau zwischen Lampe und Globus hältst, fällt dir dann etwas auf dem Globus auf?

Ein großer Schatten des Mondes! In diesem Fall hätten wir eine **Sonnenfinsternis**. Das kommt aber nicht oft vor.

Sonnenfinsternis

Für Eltern

Die Erde dreht sich in 24 Stunden einmal um sich selbst. Das rechnet sich um in eine Geschwindigkeit von über 1600 km/h! So entstehen Tag und Nacht.

Der Mond wiederum dreht sich um die Erde und dabei auch um sich selbst. Der Mond benötigt für die Umrundung der Erde genau so lange wie für die Drehung um die eigene Achse, sodass wir von der Erde aus immer dieselbe Seite des Mondes sehen!

Zwei- bzw. dreimal im Jahr kreuzt der Mond bei der Umrundung den Schatten der Erde. Der Mond verdunkelt sich und taucht erst nach knapp zwei Stunden wieder aus dem Schatten der Erde auf.

Der Mond

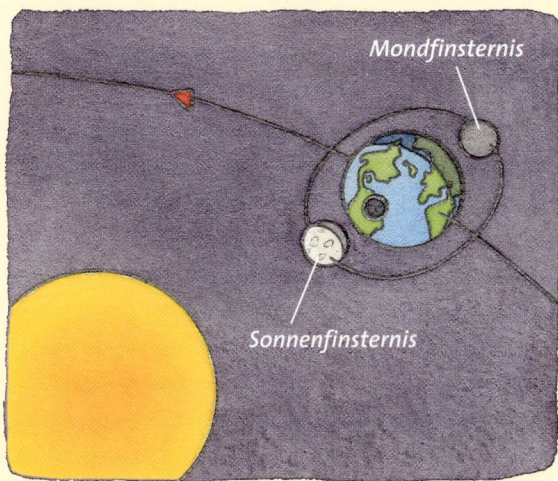

Mondfinsternis

Sonnenfinsternis

Position des Mondes bei Sonnen- bzw. Mondfinsternis (stark vereinfachte Darstellung)

Warum werden die Tage im Winter kürzer?

Wenn es Winter wird, werden die Tage kürzer. Immer früher wird es dunkel und in den Straßen gehen die Beleuchtungen an. Auch am Morgen wird es später hell. Noch im Dunkeln stehst du auf, um zur Schule zu gehen. Woran liegt das? Dreht sich vielleicht die Erde am Tag schneller und dafür in der Nacht ein bisschen langsamer?

Versuch

Sommertage und Winternächte

Das brauchst du:
- Orange/Pampelmuse ▸ Folienstift
- Stricknadel oder Schaschlikspieß
- Lampe ▸ Blatt Papier (möglichst DIN A3)

1. Zunächst funktioniert der Versuch so wie der Versuch „Tag und Nacht" auf Seite 36: Nimm dir eine Orange oder eine Pampelmuse und male mit einem Stift einen Punkt auf die Schale. Die Orange ist jetzt unsere Erde und an dem Punkt wohnst du! Am besten malst du auch noch eine Linie um die Mitte wie einen Gürtel. Das ist der Äquator. Damit kann man eine obere

Nordhalbkugel

Südhalb-
kugel

und eine un-
tere Hälfte un-
serer Erdkugel
unterscheiden.
Deutschland liegt
auf der oberen, der Nord-
hälfte, Australien auf der Süd-
hälfte, der unteren Halbkugel.
Jetzt steckst du die Orange so auf eine
Stricknadel oder den Spieß, dass er mitten
durch den „Südpol" und oben durch den
„Nordpol" stößt. Verdunkle jetzt dein Zimmer und schalte ein kleines Licht an.

2. Halte die Orange an der Nadel bzw.
dem Spieß so vor die Lampe, dass der Punkt
direkt im Licht liegt. Bei dir ist jetzt Tag!
Wie können wir aber sehen, ob es ein
Sommer- oder vielleicht ein Wintertag ist?

3. Zeichne dir einen Kreis auf das Blatt Papier und stelle die Lampe als Sonne in die
Mitte. Jetzt bewegst du die Pampelmusen-
Erde langsam auf der Kreislinie einmal um
die Lampe herum. So dreht sich auch die
Erde um die Sonne. Aber nur ungefähr so,
denn wir müssen noch eine ganz wichtige

Feinheit beachten: Die Erde zieht ihre
Bahn gekippt! Du musst also den Spieß
oder die Nadel etwas kippen.

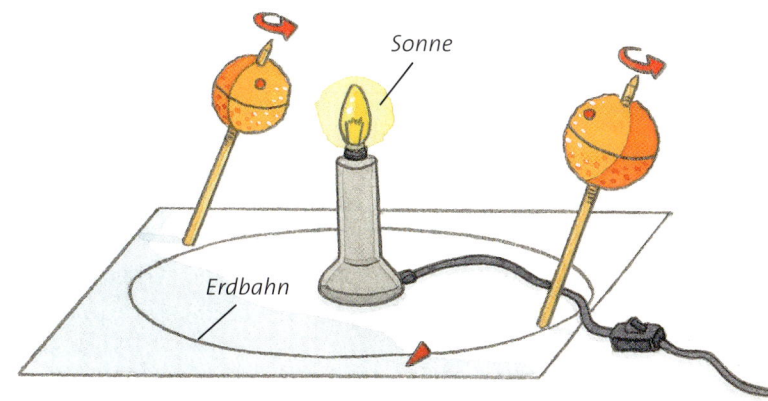

Sonne

Erdbahn

4. Halte die Erde jetzt so, dass sie zur
Sonne geneigt ist, und drehe sie einmal
um sich selbst. Wie lange bleibt der Punkt
im Licht?
Wiederhole das auf der anderen Seite der
Sonne. Wie lange bleibt der Punkt jetzt
im Licht? Wenn die obere Hälfte, also die
Nordhalbkugel, zur Lampe zeigt, dann ist
sie viel länger im Licht, als wenn die Nordhalbkugel von der Sonne weg zeigt!

Im Winter ist die Nordhalbkugel von der
Sonne weg geneigt. Wenn sich nun die
Erde um ihre Achse dreht, erreicht sie das
Sonnenlicht deutlich kürzer als im Sommer, wenn die Nordhälfte zur Sonne hin
geneigt ist. Das geht sogar so weit,
dass es einzelne Tage an den
Extrempunkten, den Polen,
gibt, an denen die Sonne
im Winter gar nicht auf-
und im Sommer gar nicht
untergeht.

Weißt du, wie viel Uhr es ist?

An einem langen Sommertag ist es abends um acht Uhr also noch hell. Woher weiß man dann, dass es schon Zeit ist, schlafen zu gehen? Natürlich, ein Blick auf die Uhr sagt uns genau, wie spät es ist. Was aber, wenn man keine Uhr dabeihat?

Dann hilft uns die Sonne. Hast du schon einmal beobachtet, wo die Sonne am Morgen zu sehen ist? Immer auf derselben Seite, nämlich im Osten. Welchen Weg nimmt sie dann im Laufe des Tages am Himmel entlang? Sie ist mittags im Süden und abends im Westen zu sehen, wo sie untergeht.

Mit einem Spruch kannst du dir den Lauf der Sonne gut merken:
*Im **Osten** geht die Sonne auf, im **Süden** ist ihr Mittagslauf, im **Westen** wird sie unter-geh'n, im **Norden** ist sie nie zu seh'n.*

Mithilfe der Beobachtung des Schattens konnten die Menschen schon vor vielen Jahrtausenden die Tageszeit bestimmen. Die alten Ägypter hatten zum Beispiel öffentliche Uhren, nämlich große Stein-säulen, die man Obelisken nennt. Ihr Schattenwurf zeigte den Ägyptern die Zeit an. Die Griechen der Antike haben die Schattenlänge dazu genutzt, die Erd-krümmung und den Erdumfang zu be-rechnen. Auch die Chinesen haben den Schatten der Sonnenuhr schon vor mehreren Tausend Jahren notiert.

Obelisk der Pharaonin Hatschepsut auf dem Gelände des Amun-Tempels von Karnak in Luxor, Ägypten.

Versuch

Die Sonnenuhr

Das brauchst du:
- Großen Stock
- Großes Blatt Papier

Lege das Blatt Papier an einer sonnigen Stelle auf den Boden und stecke den Stock durch das Papier in die Erde, so-dass sein Schatten auf das Papier fällt.

Jetzt beobachtest du den Schatten des Stocks über den ganzen Tag. Hin und wieder (zum Beispiel einmal in der Stunde) machst du dort einen Strich, wo du den Schatten siehst, und schreibst die Uhrzeit dazu.

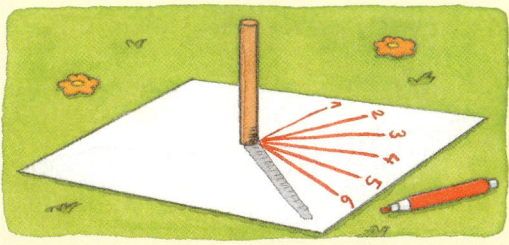

Was kann man nach einigen Stunden sehen? Es hat sich etwas wie ein Ziffern-blatt entwickelt. Vergleiche das Ziffern-blatt deiner Sonnenuhr mit dem Zif-fernblatt der Uhren, die du sonst kennst. Was für Unterschiede fallen dir auf?

Wer macht unseren Kalender?

Es genügt ja nicht immer, nur die Tageszeit zu wissen. Wie planst du Ferien oder Geburtstage? Mit dem Kalender, mit ihm teilen wir das Jahr ein. Du weißt zum Beispiel, dass du immer am selben Tag im selben Monat Geburtstag hast.

Aber warum gibt es überhaupt Monate und wieso sind sie so unterschiedlich lang? Monate stammen aus einer Zeit, als man den Ablauf von Tagen in „Monden" maß. Die Indianer machten das zum Beispiel auch so. Der Mond braucht etwas mehr als 29 Tage, um die Erde zu umrunden, das schwankt immer ein bisschen. Eine Erdumrundung des Mondes war dann sozusagen ein „Monat". Wenn man die Monate nun nur 29 oder 30 Tage lang macht, dann passiert allerdings nach vielen, vielen Jahren etwas sehr Verwirrendes. Kannst du dir das vorstellen?

Versuch

Mondjahr gegen Sonnenjahr

Das brauchst du:
- Papierstreifen in zwei Farben ▶ Schere
- Lineal ▶ Klebestift oder Klebestreifen

1. Schneide dir aus den Papierstreifen einer Farbe Monatsblätter. Jedes Blatt ist so lang wie der Monat Tage hat, also 31 mm für den Januar, 28 mm (oder 29) für den Februar usw. Beschrifte jeden Monat.

Januar — 31 mm

Februar — 28 mm

März — 31 mm

April — 30 mm

2. Kennst du ihre Reihenfolge? Dann klebe sie zu einem Jahr zusammen. Wie lang ist dein Jahr? 365 Tage. Und wenn du ein Schaltjahr geschnitten hast, dann 366 Tage. So lange braucht die Erde, um einmal die Sonne zu umrunden.

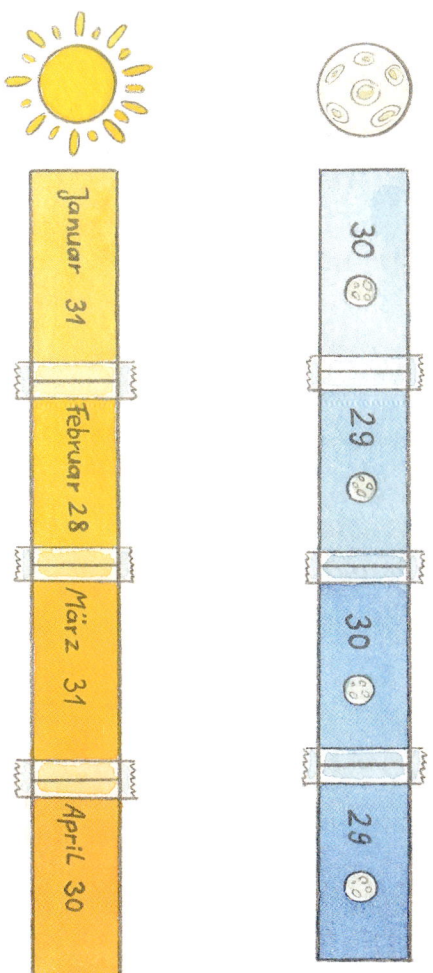

3. Nun nimmst du die andere Farbe Papier und schneidest zwölf Monate, die abwechselnd 29 oder 30 Tage (also 29 oder 30 mm Länge) haben – echte „Mondmonate". Wenn du alle aneinanderklebst, erhältst du ein Jahr von 354 Tagen.

4. Hast du schon eine Idee, was bei einem Mondjahr mit der Zeit passiert? Falls du dir nicht sicher bist, bereite dir mehrere Sonnen- und Mondjahresleisten vor und lege sie nebeneinander. Kannst du es jetzt sehen? Würden wir zwölf Monate im Mondjahr über längere Zeit zählen, dann verschieben sich die Monate in den Jahreszeiten. Schon nach etwa fünf Jahren fiele Weihnachten in den Spätherbst, nach etwas mehr als zehn Jahren läge es im Sommer!

Weil die Jahreszeiten für viele Fragen, wie beispielsweise die Ernte, so wichtig sind, ist unser Jahr an der Dauer einer Sonnenumrundung ausgerichtet. Man musste dazu die „Mondmonate" etwas verlängern.

Und warum hat dann der Februar nicht auch 30 Tage? Das hat einen politischen Grund. Unser Kalender ist sehr alt, schon die Römer haben ihn benutzt und den Monaten die Namen gegeben. Als man den sechsten Monat dem Kaiser Augustus widmete, wollte man, dass dieser Monat genauso lang ist wie der Juli, der Geburtsmonat des Julius Cäsar. Also hat man dem Februar, der ursprünglich 29 oder 30 Tage im Wechsel hatte, einen Tag abgeknöpft und an den August gehängt!

Unsere Monatsnamen

Wusstest du übrigens, dass alle unsere Monatsnamen von den Römern kommen? Den Namen Januar haben die Römer zum Beispiel vom Gott Janus abgeleitet. Er war der Gott von Anfang und Ende. Und um beide Seiten im Blick zu haben, besaß er zwei Gesichter.

Münze mit Januskopf

Viele Monatsnamen sind auch Zahlennamen. Weil die Römer das Jahr lange Zeit mit dem März beginnen ließen, entspricht das aber nicht mehr unserer Zählung: September – *Septem* heißt sieben, Oktober – *Octem* heißt acht, November – *Novem* heißt neun, Dezember – *Decem* heißt zehn.

Für Eltern

Wir nutzen heute den gregorianischen Kalender aus dem Ende des 16. Jahrhunderts, der eine Verbesserung des bis dahin gültigen julianischen Kalenders aus römischer Zeit, eingeführt von Julius Cäsar, darstellte. Der julianische Kalender war mit seiner einfachen Schaltjahresregelung um elf Minuten zu lang gewesen.

Zum Vorlesen
und gemeinsam Aufsagen

Im Januar fängt an das Jahr,
sehr kalt ist's noch im Februar,
im März der Winter scheiden will,
der Osterhas kommt im April,
im Mai freut sich die ganze Welt,
im Juni blüht die Ähr' im Feld,
im Juli reifen Kirsch' und Beer,
August plagt uns mit Hitze sehr,
September bringt uns Obst und Wein,
Oktober zieh'n die Vögel heim.
November ist ein mürr'scher Herr,
und der Dezember, was bringt er?

Den Nikolaus und das Christkind!

(Verfasser unbekannt)

Luft

Wo hat sich die Luft versteckt?

Siehst du die vielen kleinen Perlen und die dicken Blasen in deinem Glas Sprudel oder deiner Limonade? Woher kommen sie?

Versuch

Was blubbert da?

Das brauchst du:
- Glas Wasser ▶ Trinkhalm

Blase mit dem Trinkhalm kräftig ins Glas. Was passiert?

Wenn es blubbert, hat es ganz oft etwas mit Luft – oder noch genauer mit Gas zu tun. Weißt du, wo sich die Luft noch überall versteckt? Suche mal auf dem großen Bild …

Versuch

Luft im Wasser

Das brauchst du:
- Große Schüssel oder eine Badewanne mit Wasser
- Glas

Sieh dir das Glas an. Ist da etwas drin? Sehen kann man nichts! Dann müsste ja Platz für etwas anderes darin sein. Versuche es mal mit Wasser: Drücke das Glas mit der Öffnung nach unten in die Wasserschüssel oder ins Badewasser.

Was geschieht? Fließt das Wasser ins Glas? Und wenn du das Glas etwas zur Seite kippst?

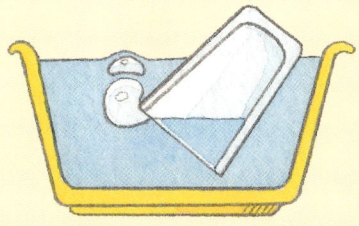

Jetzt gelangt Wasser ins Glas! Und was kann man dann sehen? Es blubbert an der Seite. Was ist das, was „blubbert"? Luft! Das sind Luftblasen.

Versuch

Tauchendes Taschentuch

Das brauchst du:
- Große Schüssel mit Wasser
- Glas
- Papiertaschentuch

Knülle das Papiertaschentuch zusammen und stopfe es ins Glas. Drehe das Glas um und drücke es ganz gerade in die Wasserschüssel. Drücke es so weit nach unten, dass das Taschentuch auch wirklich „unter Wasser" ist.

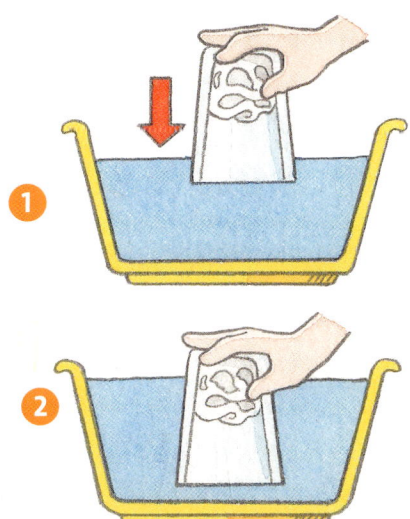

Wird das Taschentuch nass? Wenn du das Glas jetzt ebenso gerade wieder herausziehst, ist das Tuch trocken geblieben. Die Luft im Glas hat das Wasser abgehalten!

Auch wenn du sie nicht sehen oder riechen kannst – in einem leeren Glas ist Luft drin! Sie braucht Platz. Nur wenn die Luft aus dem Glas herauskann, kann etwas anderes hinein.

Versuch

Seifenblasen fangen

Das brauchst du:

- 1 l Wasser (am besten destilliertes)
- 150 ml Spülmittel (kein Balsam, sondern Spülmittel mit hohem Tensidanteil)
- 100 g Puderzucker
- 2–3 Essl. Salz
- 12 ml Glyzerin (aus der Apotheke)
- Rührschüssel
- Schneebesen
- Blumendraht
- Teller oder großen Konservendeckel

1. Salz und Puderzucker gut im warmen Wasser lösen. Mische dir aus dem Wasser mit Spülmittel eine Seifenlauge. Dazu gibst du etwas Glyzerin. Das vermischst du alles sehr, sehr gut mit einem Schneebesen. Die Mischung am besten über Nacht stehen lassen.

2. Drehe aus dem Draht eine Schlaufe – alle Formen sind erlaubt. Gieße die Seifenlauge in einen Teller oder einen großen Deckel und stecke die Schlaufe hinein. Dann pustest du vorsichtig in die Schlaufe. Wo ist deine Luft jetzt hingegangen? Kannst du sie fangen?

TIPP: Mit Lebensmittelfarbe bekommst du bunte Seifenblasen.

Zum Spielen

Luftballontanzen

Wenn du einen Ballon aufbläst oder von einem Erwachsenen aufblasen lässt, was passiert dann? Der Ballon wird immer dicker und größer. Warum? Die Luft braucht Platz und dehnt das Gummi. Kann man den Ballon, wenn er gut verknotet ist, jetzt auch wieder zusammendrücken? Wenn du leicht auf den Ballon drückst, verschiebt sich die Luft im Ballon, aber kleiner wird er nicht. Drückt man zu fest, platzt er!
Probiere doch mal, mit ein paar Freunden auf deine Lieblingsmusik zu tanzen. Immer zwei Kinder halten sich dabei an den Händen und nehmen einen Ballon zwischen die Bäuche oder die Stirn. Er soll nicht runterfallen und auch nicht platzen.

Wo kommt die Luft her, die du in die Seifenblase pustest? Hole einmal richtig tief Luft: Wir atmen durch die Nase oder auch durch den Mund Luft in unsere Lunge. Dort holt sich das Blut den Sauerstoff aus der Luft, den wir zum Leben brauchen.

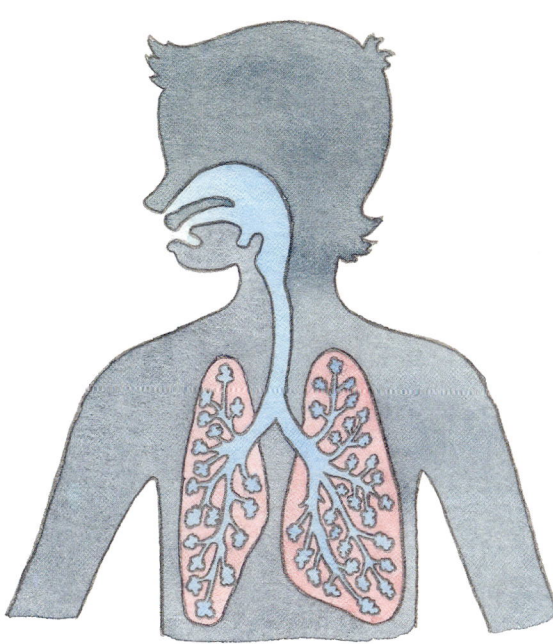

Für Eltern

Das Phänomen Luft ist für Kinder im Alter von etwa vier Jahren sehr abstrakt. Als Bewegung, als Wind kann man sie spüren, aber ansonsten ist sie kaum gegenwärtig. Wenn man vierjährige Kinder fragt, wo Luft zu finden ist, so antwortet eine Vielzahl: „Draußen!", denn wir gehen ja „raus an die frische Luft". Dort spüren wir sie auch.

Die Erkenntnis, dass Blasen etwas mit Luft (bzw. Gas) zu tun haben, holt die Luft in die unmittelbare Umgebung. Es wird deutlich, dass sich überall, wo auch nur ein winziges bisschen Platz ist, Luft befindet. Luftleere Räume, das sogenannte Vakuum, gibt es von Natur aus nicht auf der Erde.

Versuch

Versteckte Luft

Du brauchst dazu:

- Glas mit Wasser
- Ein Stück Würfelzucker

Also: Luft versteckt sich, wir können sie nicht sehen. Ist sie dann auch in einem Stück Zucker versteckt? Was passiert, wenn man den Würfelzucker in das Wasserglas legt?

Was siehst du? Es steigen klitzekleine Bläschen auf. Immer wieder. Und was sind das wohl für Bläschen? Luftbläschen! Aber woher kommt die Luft? Wie ist sie ins Wasser gekommen? Mit dem Würfelzucker. Da war die Luft in allen kleinen Winkeln und Öffnungen versteckt. Und was kann man außerdem sehen? Der Würfel zerfällt. Denn der Zucker löst sich in Wasser.

Mit seiner eigenen „Puste" hat der kleine Häwelmann in dieser Geschichte sogar sein Bettchen in Bewegung gesetzt. Ob so etwas wohl wirklich geht?

Der kleine Häwelmann

Theodor Storm (etwas gekürzte Fassung)

Es war einmal ein kleiner Junge, der hieß Häwelmann. Des Nachts schlief er in einem Rollenbett und auch des Nachmittags, wenn er müde war; wenn er aber nicht müde war, so musste seine Mutter ihn darin in der Stube umherfahren und davon konnte er nie genug bekommen.

Nun lag der kleine Häwelmann eines Nachts in seinem Rollenbett und konnte nicht schlafen; die Mutter aber schlief schon lange neben ihm in ihrem großen Bett.

„Mutter", rief der kleine Häwelmann, „ich will fahren!"

Und die Mutter langte im Schlaf mit dem Arm aus dem Bett und rollte die kleine Bettstelle hin und her, und wenn ihr der Arm müde wurde, so rief der kleine Häwelmann: „Mehr, mehr!", und dann ging das Rollen wieder von vorne an. Endlich aber schlief sie gänzlich ein.

Da dauerte es nicht lange, so sah der Mond in die Fensterscheiben, und was er da sah, war so possierlich, dass er sich mit seinem Ärmel über das Gesicht fuhr, um sich die Augen auszuwischen: Da lag der kleine Häwelmann in seinem Rollenbett und hielt das eine Bein wie einen Mastbaum in die Höhe. Sein kleines Hemd hatte er ausgezogen und hing es wie ein Segel an seiner kleinen Zehe auf; dann nahm er ein Hemdzipfelchen in jede Hand und fing mit beiden Backen an zu blasen.

Und allmählich fing es an zu rollen, über den Fußboden, dann die Wand hinauf, dann kopfüber die Decke entlang und dann die andere Wand wieder hinunter.

„Mehr, mehr!", schrie Häwelmann, als er wieder auf dem Boden war; und dann blies er wieder seine Backen auf, und schon ging es wieder kopfüber und kopfunter. Als er drei Mal die Reise gemacht hatte, guckte der Mond ihm plötzlich ins Gesicht.

„Junge", sagte er, „hast du noch nicht genug?"

„Nein", schrie Häwelmann, „mehr, mehr! Mach mir die Tür auf! Alle Menschen in der Stadt sollen mich fahren sehen."

„Das kann ich nicht", sagte der gute Mond; aber er ließ einen langen Strahl durch das Schlüsselloch fallen; und darauf fuhr der kleine Häwelmann zum Haus hinaus.

Auf der Straße war es ganz still und einsam. Die hohen Häuser standen im hellen Mondschein; aber die Menschen waren nirgends zu sehen. Es rasselte recht, als der kleine Häwelmann in seinem Rollenbette über das Straßenpflaster fuhr; und der gute Mond ging immer neben ihm und leuchtete. Als sie bei der Kirche vorbeikamen, da krähte auf einmal der große goldene Hahn auf dem Glockenturm. Sie hielten still.

„Was machst du da?", rief der kleine Häwelmann hinauf.

„Ich krähe zum ersten Mal!", rief der goldene Hahn herunter.

„Wo sind denn die Menschen?", rief der kleine Häwelmann hinauf.

„Die schlafen", rief der goldene Hahn herunter, „wenn ich zum dritten Mal krähe, dann wacht der erste auf."

„Das dauert mir zu lange", sagte Häwelmann, „ich will in den Wald fahren, alle Tiere sollen mich fahren sehen!"

„Junge", sagte der gute, alte Mond, „hast du noch nicht genug?"

„Nein", schrie Häwelmann, „mehr, mehr! Leuchte, alter Mond, leuchte!"

Und damit blies er die Backen auf und der gute Mond leuchtete und so fuhren sie zum Stadttor hinaus und in den Wald hinein.

Im Walde war es still und einsam. Der gute Mond ging nebenher und leuchtete in alle Büsche; aber die Tiere waren nicht zu sehen; nur eine kleine Katze saß in einem Eichbaum und funkelte mit den Augen. Da hielten sie still.

„Das ist der kleine Hinze!", sagte Häwelmann, „ich kenne ihn; er will die Sterne nachmachen. Wo sind denn die andern Tiere?", rief der kleine Häwelmann hinauf.

„Die schlafen!", rief die kleine Katze herunter und sprang einen Baum weiter.

„Junge", sagte der gute, alte Mond, „hast du noch nicht genug?"

„Nein", schrie Häwelmann, „mehr, mehr! Leuchte, alter Mond, leuchte!", und dann blies er die Backen auf und der gute, alte Mond leuchtete; und so fuhren sie zum Walde hinaus und über die Heide bis ans Ende der Welt und gerade in den Himmel hinein.

Hier war es lustig; alle Sterne waren wach und hatten die Augen auf und funkelten, dass der ganze Himmel blitzte.

„Platz da!", schrie Häwelmann und fuhr in den hellen Haufen hinein, dass die Sterne links und rechts vom Himmel fielen.

„Junge", sagte der gute, alte Mond, „hast du noch nicht genug?"

„Nein!", schrie der kleine Häwelmann, „mehr, mehr!"

Und – hast du nicht gesehen – fuhr er dem Mond quer über die Nase, dass er ganz dunkel im Gesicht wurde.

„Pfui!", sagte der Mond und nieste drei Mal, „alles mit Maßen!", und damit putzte er seine Laterne aus und alle Sterne machten die Augen zu. Da ward es im ganzen Himmel dunkel.

„Leuchte, alter Mond, leuchte", schrie Häwelmann, aber der Mond war nirgends zu sehen und die Sterne auch nicht. Da fürchtete sich der kleine Häwelmann und nahm seine Hemdzipfelchen in die Hände und blies die Backen auf; aber er wusste weder aus noch ein, er fuhr kreuz und quer, hin und her, und niemand sah ihn fahren, weder die Menschen noch die Tiere noch die Sterne.

Da guckte endlich unten, ganz unten am Himmelsrande ein rotes, rundes Gesicht zu ihm herauf und der kleine Häwelmann meinte, der Mond sei wieder aufgegangen.

„Leuchte, alter Mond, leuchte!", rief er und blies wieder die Backen auf und fuhr gerade darauf los.

Es war aber die Sonne, die aus dem Meere heraufkam. „Junge", rief sie und sah ihn mit ihren glühenden Augen an, „was machst du hier in meinem Himmel?"

Und – eins, zwei, drei!, nahm sie den kleinen Häwelmann und warf ihn mitten in das große Wasser. Da konnte er schwimmen lernen.

Und dann?

Ja, und dann? Weißt du nicht mehr? Wenn ich und du nicht gekommen wären und den kleinen Häwelmann in unser Boot genommen hätten, so hätte er doch leicht ertrinken können!

Wer schiebt das Boot an?

Wenn sich Luft bewegt, dann spüren wir das als Luftzug oder draußen in der Natur als Wind. Dieser Wind kann warm sein oder kalt. Aber er kann vor allem Bewegung erzeugen. Was kann der Wind zum Beispiel bewegen?

Zum Spielen

Wattepusten

Hast du ein paar Mitspieler wie Eltern, Geschwister, Freunde? Ihr bildet zwei Mannschaften auf den zwei gegenüberliegenden Seiten eines Tischs. Jeder erhält einen Trinkhalm. Dann wird ein Wattebausch in die Tischmitte geworfen und alle pusten heftig auf den Wattebausch, damit er auf der gegenüberliegenden Seite vom Tisch fällt. Gewonnen hat die Mannschaft, auf deren Seite der Wattebausch NICHT vom Tisch gefallen ist. Auf die Plätze, fertig, los!

Versuch

Windrad

Das brauchst du:

▶ Buntes Papier oder Bastelfolie
▶ zwei Perlen ▶ Knetmasse ▶ Klebestift
▶ Rundholz oder Stock (ca. 20 cm lang)
▶ Einen Nagel ▶ Hammer ▶ Schere

1. Aus dem Papier schneidest du dir ein Quadrat. Dieses Quadrat wird von jeder Ecke in Richtung Mitte eingeschnitten, aber nicht durchgeschnitten. Etwa so:

2. Dann bittest du einen Erwachsenen, mit dir oder für dich den Nagel durch den Stock zu klopfen, sodass er auf der anderen Seite noch etwa 2 cm herausragt. Jetzt faltest du jede zweite Spitze an deinem Papier zur Mitte und klebst sie fest. Stück für Stück ergibt sich ein Windrad.

3. Nun stichst du durch alle Papierlagen hindurch ein Loch in die Mitte. Fädle erst eine Perle auf den Nagel am Stock, dann dein Windrad, eine weitere Perle und zum Schluss Knetmasse. Achte darauf, dass dein Windrad sich noch gut bewegt.

4. Wenn du jetzt gegen dein Windrad bläst, dreht sich das immer? Egal, wie du bläst? Nein, man muss schon eine bestimmte Seite treffen, damit die Luft mit ihrer Kraft richtig schieben kann.

Das ist auch bei den großen Windrädern so, die durch ihre Drehung Strom erzeugen. Deshalb ist es ganz wichtig, dass solche Räder immer richtig im Wind stehen. Dazu werden sie immer wieder gedreht. Das war auch bei den Windmühlen so, die man früher benutzt hat.

Woher weiß man eigentlich, aus welcher Richtung der Wind weht? Dazu kann man sich ein ganz einfaches Messinstrument bauen.

Versuch

Windsack

Das brauchst du:

◗ Holzspieß ◗ Trinkhalm (ohne Biegestück, evtl. abschneiden)
◗ Einen Streifen Papier (ca. 5 cm x 10 cm)
◗ Dünne Streifen Krepppapier
◗ Klebstoff ◗ Nadel und Faden
◗ Etwas Knetmasse

1. Aus dem Papierstreifen klebst du einen offenen Zylinder, also eine Rolle. Das ist unser Windsack. An die eine offene Seite kannst du Kreppstreifen zur Verlängerung ankleben. Dann sieht man die Windrichtung noch besser.

2. An der anderen offenen Seite muss ein Faden einmal quer durch den Windsack gezogen werden. Lass dir dabei etwas helfen. Dann muss der Faden durch das obere Ende des Trinkhalms gezogen und verknotet werden.

3. Nun kannst du deinen Windsack auf den Holzspieß schieben und am Spieß festhalten oder den Spieß mit der Knetmasse aufstellen.

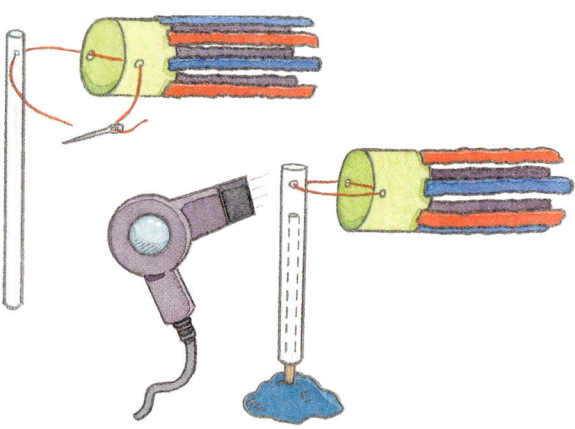

Nimm jetzt deinen Windsack mit raus in den Wind – oder mache selbst welchen, indem du pustest!

Solche Windsäcke kannst du an Brücken und Flugplätzen sehen. Für Piloten ist es beim Landen zum Beispiel sehr wichtig, zu wissen, aus welcher Richtung der Wind kommt. Man kann die Windrichtung auch am Rauch beobachten, der aus den Schornsteinen aufsteigt.

Zum Basteln

Windspiel

Das brauchst du:
- Kleiderbügel
- Nägel mit unterschied-
licher Länge

Den Wind kannst du auch dazu nutzen,
Musik zu machen. Nimm dir einen Kleiderbügel und binde verschieden lange Nägel
nah nebeneinander.

Wenn du den Bügel jetzt draußen in den
Wind hängst, schlagen die Nägel aneinan-
der und klingen. Du
kannst statt der
Nägel auch Bam-
busstangen
oder richtige
Klangstäbe aus
Metall (Bastella-
den) nehmen.
Dann klingt es
ganz anders.

Zum Vorlesen

Meeresstille und Glückliche Fahrt

Johann Wolfgang von Goethe

Meeresstille

Tiefe Stille herrscht im Wasser,
Ohne Regung ruht das Meer,
Und bekümmert sieht der Schiffer
Glatte Fläche rings umher.
Keine Luft von keiner Seite!
Todesstille fürchterlich!
In der ungeheuren Weite
Reget keine Welle sich.

Glückliche Fahrt

Die Nebel zerreißen,
Der Himmel ist helle,
Und Äolus* löset
Das ängstliche Band.
Es säuseln die Winde,
Es rührt sich der Schiffer.
Geschwinde! Geschwinde!
Es teilt sich die Welle,
Es naht sich die Ferne;
Schon seh ich das Land!

*Äolus ist der König der Winde.

Warum brennt das Feuer?

Wo Rauch ist, ist meist auch Feuer. Feuer benötigen wir, um uns zu wärmen, um zu kochen, und lange Zeit war es auch das einzige Licht im Dunkeln. Aber Feuer kann auch Schaden anrichten. Deshalb muss man sehr vorsichtig mit Feuer sein und wissen, wie man es löschen kann.

Zum Spielen

Wasser marsch!

Wer ist der bessere Feuerwehrmann oder die bessere Feuerwehrfrau? Das kannst du mit ein paar Freunden testen. Aber auch hier muss wieder ein Erwachsener dabei sein!
Stellt für jeden von euch eine Kerze nebeneinander auf einen Tisch. (Am besten draußen, wenn kein Wind weht.) Jeder von euch braucht eine mit Wasser gefüllte Wasserpistole. Ihr stellt euch in etwa 3 m Abstand vom Tisch nebeneinander vor eure jeweilige Kerze. Auf Kommando versucht ihr, eure Kerzen mit dem Wasserstrahl zu löschen. Wer schafft es am schnellsten?

WARNUNG:
Wenn wir mit Feuer experimentieren, muss unbedingt immer ein Erwachsener dabei sein und ein Eimer Wasser neben uns bereitstehen.

Versuch

Kerzen löschen

Das brauchst du:
- Zwei Teelichter ▶ Streichhölzer
- Geschirrtuch (zusammengefaltet!)
- Sand ▶ Glas ▶ Wasser

1. Lasse dir das Teelicht vor dir auf dem Tisch anzünden. Wie kannst du es löschen? Durch Auspusten! Aber es geht auch anders. Probiere alle Mittel, die du zur Verfügung hast, aus.

TIPP: Wenn du mit Wasser löschst, brauchst du eine neue Kerze!

Warum geht die Flamme mit all diesen Mitteln eigentlich aus?

2. Lasse dir die Kerze wieder anzünden und stülpe das leere Glas darüber. Was kannst du beobachten?
Und jetzt noch mal! Zähle doch mal mit, wie lange die Kerze noch unter dem Glas brennt. Danach kannst du verschiedene Gläser testen. Dauert es immer gleich lang?

Das Feuer braucht Luft, um zu brennen. Ohne Luft geht die Flamme aus. Mit deinen Löschversuchen hast du dem Feuer die Luftzufuhr abgeschnitten. Wenn ein Feuer richtig groß ist, helfen Decken und Sand oft nicht mehr. Dann rückt die Feuerwehr aus. Die kommt mit Löschzügen und schließt große schwere Schläuche an Hydranten an.

Warum geht die Flamme auch aus, wenn man pustet? Das ist doch auch Luft! Also: Die Kerze braucht ja nicht nur Luft, um zu brennen. Sie braucht auch irgendetwas zum Verbrennen. Das sind bei der Kerze der Docht und das Wachs, beim Feuer ist es das Holz. Wenn wir eine Kerze ausblasen, so blasen wir also die Flamme weg vom Docht!

Versuch

Feuerlöscher

Bestimmt hast du schon einmal so einen Feuerlöscher gesehen. Hast du dir auch überlegt, was darin ist? Vielleicht Wasser? Aber das könnte man ja auch aus dem Wasserhahn holen ...

Das brauchst du:
▶ Teelicht ▶ Streichhölzer
▶ Wasser ▶ Glas
▶ Brausetabletten (Vitamintablette)

1. Setze das Teelicht auf die Wasseroberfläche eines etwa halb gefüllten Glases. Bitte jetzt einen Erwachsenen, es anzuzünden.

2. Lasse nun vorsichtig eine, eventuell auch noch eine zweite Brausetablette neben dem Teelicht in das Wasser gleiten. Was kannst du jetzt beobachten?

3. Die Brausetablette löst sich und das Wasser sprudelt ganz stark. Und was passiert mit der Kerzenflamme? Sie bewegt sich bei jeder Blase, die zerplatzt. Und irgendwann erlischt die Flamme sogar! **Warum eigentlich? Es ist doch kein Wasser in die Flamme gelangt.**

In den Blasen, die aus dem Wasser aufsteigen, ist etwas drin, ein Gas. Dieses Gas hat die Flamme gelöscht. Das Gas nennen viele Kohlensäure, genauer gesagt heißt es aber Kohlendioxid oder CO_2. Und damit kann die Flamme nicht brennen! Dieses Gas Kohlendioxid ist in den Feuerlöschern.

Wasser & Co

Woher kommt der Regen?

Sicher hast du schon oft beobachtet, wie sich der Himmel verändert, wenn Regen im Anmarsch ist. Wie sieht der Himmel aus? Wenn der Regen vorüber ist, bleiben viele Pfützen übrig. Was geschieht mit den Pfützen, wenn die Sonne wieder scheint?

Zum Spielen

Fingerspiel

1. Dicke Wolken hängen am Himmel (unsere Fäuste über den Köpfen) und der Wind treibt sie zusammen (pfeifen wie der Wind).

2. Es beginnt zu regnen. (Finger fallen nach unten und wir klopfen mit unseren Fingerkuppen auf den Tisch oder den Boden.) Es regnet und regnet.

3. Endlich hört es auf. Das Wasser fließt über den Boden,

ein Teil versickert. (Eine Hand bleibt über dem Tisch, eine „fließt" darunter weiter.)

4. Jetzt scheint die Sonne. (Eine Hand wird am langen Arm als Sonne nach oben ausgestreckt.) Sie erwärmt das Wasser, das Stück für Stück wieder verdunstet. (Die Finger der anderen Hand wackeln langsam wieder nach oben).

5. Langsam bilden sich wieder Wolken in der kalten Luft (eine Faust machen) und das Spiel beginnt von vorn.

Versuch

Verdampfen und kondensieren

Das brauchst du:
- Topf mit Wasser
- Herd ▸ großen Löffel

1. Setze mit einem Erwachsenen den Topf mit Wasser auf den Herd und bringe das Wasser zum Kochen. Beobachte das Wasser genau. Was geschieht?

2. Es bildet sich Wasserdampf! Halte jetzt vorsichtig einen großen Löffel in den Dampf: Was kannst du sehen? Wie fühlt

sich der Löffel an? **Wo kommt das Wasser her, das am Löffel hängt?** Hast du das schon einmal woanders beobachtet? Vielleicht im Badezimmer, wenn jemand duscht?

3. Wenn du den Löffel lange in den Dampf hältst, bilden sich Tropfen und es „regnet". Am Spiegel im Bad läuft nach dem Duschen das Wasser herunter. So ähnlich geschieht das auch in der Natur.

Wanderung des Wassers

Aus den Wolken fällt das Wasser zur Erde und verdunstet wieder, neue Wolken bilden sich und so fort.

Was sagen uns die Wolken?

Es wäre ja wirklich praktisch zu wissen, ob es gleich regnen wird. Woran lässt sich das erkennen? Man kann zum Beispiel in den Himmel schauen, ob es Wolken gibt. Hast du schon einmal bemerkt, dass es verschiedene Arten von Wolken gibt?

An schönen, sonnigen Tagen kann man oft einzelne Wolkenhaufen am Himmel finden. Die sehen aus wie Wattebäusche oder Schäfchen (Bild 1).

Dann gibt es noch Wolken wie Federn, ziemlich weit oben im Himmel (Bild 2). Diese beiden Wolkenarten bringen eigentlich keinen Regen. Aber wenn es mehr Wolken werden oder sich der Wolkenberg sehr hoch türmt, kann es bald regnen.

Wenn der Himmel von einer Wolkenschicht völlig bedeckt ist und ganz grau aussieht, kannst du sicher sein, dass der Regen kommt (Bild 3).

Wenn sich eine große Wolke so auftürmt, dass sie ein wenig aussieht wie ein Amboss, steht ein Gewitter bevor. Da bleibst du besser im Haus (Bild 4). (Ein Amboss ist der Block, auf dem der Schmied das Eisen mit dem Hammer schlägt.)

Versuch

Eis und Schnee

Das brauchst du:
- Eine Schüssel
- Ein Thermometer
- Schnee (oder Eiswürfel)

Im Winter fällt oft Schnee statt Regen vom Himmel. Woher kommt der Schnee?

1. Nimm dir eine kleine Schüssel voll Schnee mit ins Haus. Was kannst du schon nach kurzer Zeit beobachten?
Der Schnee schmilzt. Und warum? Es ist zu warm im Haus! Weißt du auch, wann genau der Schnee zu schmelzen beginnt? Sieh dir das Thermometer genau an.

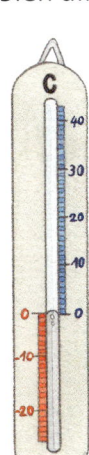

Man kann eine lange Leiste mit Zahlen sehen, die Skala. Meist haben die Zahlen zwei verschiedene Farben – oben anders als unten. Dazwischen läuft ein Glasröhrchen mit einer Flüssigkeit. Diese Flüssigkeit kann sich in dem Röhrchen auf- und abbewegen. Da, wo die Flüssigkeit endet, kann man eine Zahl ablesen, die uns anzeigt, wie warm oder kalt es ist.

2. Nun steckst du das Thermometer in den Schnee und schaust, wohin die Flüssigkeit wandert. Sie zeigt jetzt ungefähr auf die Stelle, an der sich die Farben ändern. Dort steht die Zahl 0. Das bedeutet, dass es 0 Grad Celsius sind. Das ist die Temperatur, bei der der Schnee schmilzt. Und umgekehrt auch die Temperatur, bei der Wasser zu Eis gefriert.

Wenn es richtig kalt wird und die Temperatur unter 0 Grad Celsius absinkt, friert das Wasser in den Wolken zu Eiskristallen. Diese Kristalle verbinden sich und es bilden sich Schneeflocken, die immer schwerer werden und schließlich zur Erde fallen. Diese wunderschönen Eiskristalle kannst du auch an Fenstern oder Bäumen sehen.

Warum fließt der Honig so langsam?

Wasser ist eine Flüssigkeit, das weißt du. Aber was ist bei Flüssigkeiten anders als bei festen Stoffen, wie zum Beispiel Sand oder Schokolade?

Weißt du, was hier abgebildet ist? (Auflösung S. 95)

Flüssigkeiten bilden Tropfen und fließen. Sie kommen in jede Ecke, wenn man sie ausgießt. Das ist bei allen Flüssigkeiten gleich. Aber es gibt auch viele Unterschiede. Finde es selbst heraus, welche das sind.

Versuch

Büroklammernrennen

Das brauchst du:
- Hohe, schmale Gläser oder Reagenzgläser
- Büroklammern
- Wasser
- Essig
- Speiseöl
- Apfelsaft
- Flüssigen Honig
- Glyzerin (aus der Apotheke)
- Milch
- Spülmittel

1. In jedes Glas oder Reagenzglas füllst du eine andere Flüssigkeit – möglichst auf dieselbe Höhe. Wenn du Reagenzgläser nimmst, stellst du sie in einem Halter oder aber in Gläsern ab. Vergleiche die verschiedenen Flüssigkeiten genau. Rieche daran und reibe sie zwischen Daumen und Zeigefinger. Wie fühlen sie sich an? **Kannst du die Unterschiede beschreiben?**

Alle Flüssigkeiten unterscheiden sich in der Farbe, im Geruch und fühlen sich verschieden an. Es gibt aber noch einen Unterschied, den du beim Eingießen sicher beobachtet hast: Manche Flüssigkeiten fließen langsamer als andere. Sie sind dickflüssiger oder zäher. Diese Eigenschaft nennt man *Viskosität.*

2. Welche Flüssigkeit ist am zähesten? Vergleiche deine Proben: Nimm dir immer zwei Gläschen, halte eine Büroklammer über jedes und lasse sie gleichzeitig hineinfallen. Welche Büroklammer sinkt schneller auf den Boden? Jetzt nimmst du die nächsten beiden Gläschen.

Sortiere die Gläser so, dass du auf einer Seite die Flüssigkeiten hast, in denen die Büroklammer am schnellsten unten war, und auf der anderen Seite die, in denen die Büroklammer am längsten gebraucht hat.

Du hast sicher gemerkt, dass man Flüssigkeiten nicht allein an ihrem Aussehen erkennen kann. Vorsicht also, wenn du Flüssigkeiten siehst – nicht einfach trinken! Ein Schluck Essig z. B., den man mit Wasser verwechselt, schmeckt nicht nur unangenehme sondern greift auch die Speiseröhre an.

Zum Spielen

Zäh wie Honig

Warum ist Honig eigentlich so zäh? Mit einem Spiel könnt ihr das ausprobieren. Du brauchst viele Mitspieler und einen erwachsenen Helfer. Der Helfer stellt zwei Stühle bereit, die eng beieinanderstehen – das ist ein Flaschenhals. Jetzt lauft alle mal durch diesen „Flaschenhals". Das geht ganz gut.

Nun reicht ihr einander so die Hände, dass jede Hand eine andere Hand anfasst – ihr seid jetzt eine Flüssigkeit.

Bewegt euch wieder alle durch den „Flaschenhals". Das geht nicht so schnell, wie eben, als ihr einzeln durch die enge Stelle gelaufen seid, aber es geht.

Jetzt reicht ihr einander so die Hände, dass an jeder Hand drei andere Hände anfassen. Das ist schon schwieriger. Nun versucht wieder, durch den engen „Flaschenhals" zu gehen! Seid ihr langsamer als vorher? Deutlich! Das ist „Zähigkeit", genau wie beim Honig.

Versuch

Warmer Sirup

Das brauchst du:
> Sirup (zum Beispiel Apfelsirup oder flüssiger Honig) > Mehrere Teller
> Topf > Herd

1. Auch ein und dieselbe Flüssigkeit kann ganz unterschiedlich zäh sein! Wenn du den Sirup auf einen Teller gießt, siehst du, wie langsam er sich auf dem Teller ausbreitet. Er ist sehr zäh.

2. Nun soll ein Erwachsener den Sirup im Wasserbad auf dem Herd etwas erwärmen und ihn wieder auf einen Teller gießen. Was kannst du jetzt beobachten?

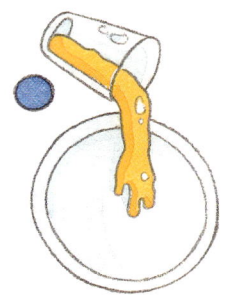 

Der Sirup fließt schneller. Er ist dünnflüssiger, wenn er warm ist. Probiert unterschiedliche Temperaturen aus: Je wärmer der Sirup wird, desto dünnflüssiger ist er.

Wenn dir also der Honig für dein Frühstücksbrötchen zu flüssig ist und immer so schnell herunterläuft, stelle ihn einfach eine Weile in den Kühlschrank. Dann wird er dickflüssiger und tropft nicht mehr so!

Versuch

Flüssigkeiten in Wasser

Das brauchst du:
- 7 Gläser ▸ Löffel ▸ Wasser
- Essig ▸ Speiseöl ▸ Apfelsaft
- Flüssigen Honig
- Glyzerin (aus der Apotheke)
- Milch ▸ Spülmittel
- Lebensmittelfarbe

Jedes Glas füllst du mit etwas Wasser. Was passiert nun, wenn du die einzelnen Flüssigkeiten in das Wasser gießt?
In jedes Glas sollte bloß eine Flüssigkeit, damit du genau beobachten kannst, ob sich die Flüssigkeit mit Wasser mischt. Bei Flüssigkeiten, die keine Farbe haben (Essig und Glyzerin), kannst du das Wasser mit ein wenig Lebensmittelfarbe einfärben. Dann lässt sich besser erkennen, was im Wasser mit den Flüssigkeiten passiert.

Was lässt sich beobachten?
Jetzt rühre in jedem Glas einmal gut um.
Ändert sich etwas?

Der Honig löst sich erst mit dem Rühren im Wasser. Das geht noch besser, wenn das Wasser warm ist. Wenn du also Tee mit Honig süßen willst, so ist das eine gute Idee. Aber du musst umrühren. Öl dagegen mischt sich auch durch Rühren nicht mit Wasser. Es schwimmt auf dem Wasser.

Hör mal, was dem armen Zauberlehrling passiert ist. Wasser fließt einfach ganz schnell überall hin.

Der Zauberlehrling

Johann Wolfgang von Goethe

Hat der alte Hexenmeister
sich doch einmal wegbegeben!
Und nun sollen seine Geister
auch nach meinem Willen leben.
Seine Wort' und Werke
merkt ich und den Brauch,
und mit Geistesstärke
tu ich Wunder auch.

   Walle! walle
   Manche Strecke,
   dass, zum Zwecke,
   Wasser fließe
   und mit reichem, vollem Schwalle
   zu dem Bade sich ergieße.

Und nun komm, du alter Besen!
Nimm die schlechten Lumpenhüllen;
bist schon lange Knecht gewesen:
nun erfülle meinen Willen!
Auf zwei Beinen stehe,
oben sei ein Kopf,
eile nun und gehe
mit dem Wassertopf!

   Walle! walle
   manche Strecke,
   dass, zum Zwecke,
   Wasser fließe
   und mit reichem, vollem Schwalle
   zu dem Bade sich ergieße.

Seht, er läuft zum Ufer nieder,
Wahrlich! ist schon an dem Flusse,
und mit Blitzesschnelle wieder
ist er hier mit raschem Gusse.
Schon zum zweiten Male!
Wie das Becken schwillt!
Wie sich jede Schale
voll mit Wasser füllt!

   Stehe! stehe!
   denn wir haben
   deiner Gaben
   vollgemessen! –
   Ach, ich merk es! Wehe! wehe!

Hab ich doch das Wort vergessen!
Ach, das Wort, worauf am Ende
er das wird, was er gewesen.
Ach, er läuft und bringt behende!
Wärst du doch der alte Besen!
Immer neue Güsse
bringt er schnell herein,
Ach! und hundert Flüsse
stürzen auf mich ein.

   Nein, nicht länger
   kann ich's lassen;
   will ihn fassen.
   Das ist Tücke!
   Ach! nun wird mir immer bänger!
   Welche Miene! welche Blicke!

O du Ausgeburt der Hölle!
Soll das ganze Haus ersaufen?
Seh ich über jede Schwelle
doch schon Wasserströme laufen.
Ein verruchter Besen,
der nicht hören will!
Stock, der du gewesen,
steh doch wieder still!

Willst am Ende
gar nicht lassen?
Will dich fassen,
will dich halten
und das alte Holz behende
mit dem scharfen Beile spalten.

Seht da kommt er schleppend wieder!
Wie ich mich nur auf dich werfe,
gleich, o Kobold, liegst du nieder;
krachend trifft die glatte Schärfe.
Wahrlich, brav getroffen!
Seht, er ist entzwei!
Und nun kann ich hoffen,
und ich atme frei!

Wehe! wehe!
Beide Teile
stehn in Eile
schon als Knechte
völlig fertig in die Höhe!
Helft mir, ach! ihr hohen Mächte!

Und sie laufen! Nass und nässer
wird's im Saal und auf den Stufen.
Welch entsetzliches Gewässer!
Herr und Meister! hör mich rufen! –
Ach, da kommt der Meister!
Herr, die Not ist groß!
Die ich rief, die Geister
werd ich nun nicht los.

„In die Ecke,
Besen, Besen!
Seid's gewesen.
Denn als Geister
ruft euch nur, zu diesem Zwecke,
erst hervor der alte Meister."

Warum ist das Meer so salzig?

Warst du schon einmal im Urlaub am Meer? Oder wohnst du vielleicht am Meer? Man kann Sandburgen bauen, Muscheln sammeln und schwimmen. Aber das Wasser ist anders als im Schwimmbad. Es schmeckt ganz salzig. Wie kommt das?

Weißt du, wie das Wasser ins Meer kommt? Ein Teil des Regens fließt in Bäche, Flüsse und Seen und von dort weiter ins Meer. Das Wasser fließt an Steinen vorbei oder nimmt sie sogar mit. Dabei werden auch Salze und Mineralien aus den Steinen ge-waschen. Das geschieht schon seit Milliarden von Jahren, seit die Erde mit Wasser bedeckt ist. Ganz zu Anfang, als die Meere entstanden sind, hat das Wasser sehr viel Salz aus der Lava gewaschen, von der es sehr, sehr viel auf der Erdoberfläche gab.

Versuch

Salzwasser

Das brauchst du:
- zwei Gläser
- einen Teelöffel
- Wasser (kalt und warm)
- Salz

1. Gib einen Teelöffel Salz in ein Glas mit kaltem Wasser. Was kannst du beobachten?

Das Salz verteilt sich im Wasser und ist nicht mehr zu sehen. Wenn sich doch etwas Salz am Boden absetzt, kannst du mit dem Löffel ein wenig umrühren und das Wasser wird wieder klar. **Wohin ist das Salz verschwunden?**
Du darfst **AUSNAHMSWEISE** das Wasser aus unserem Versuch kosten: Na, wie schmeckt es? Salzig! Denn das Salz hat sich im Wasser gelöst.

Auch im Meer ist das Salz gelöst. Deshalb sehen wir es nicht, aber das Wasser schmeckt salzig.

2. Stelle nun ein Glas mit der gleichen Menge warmem Wasser neben das Glas mit dem kalten Wasser. Auch hier gibst du einen Teelöffel Salz hinein. Wenn du ganz genau hinschaust, siehst du zarte Schlieren tanzen. Das Salz löst sich schneller.

3. Jetzt vergleiche Löffel um Löffel, wie viel Salz in jedes Wasserglas geht, bis sich das Salz nicht mehr löst, sondern unten absetzt. (Also bis die Salzlösung *gesättigt* ist, so nennt man das.) Am besten legst du dir neben jedes Glas ein Stück Papier und machst für jeden Teelöffel Salz einen Strich auf das Blatt. **In welchem Glas lässt sich mehr Salz lösen?**

Im warmen Wasser lässt sich mehr Salz lösen als im kalten. Das liegt an der erhöhten Bewegung der Wasserteilchen, wenn sie warm sind. Deshalb stellen Chemiker gesättigte Salzlösungen bevorzugt mit warmem Wasser her. Auch Zucker löst sich z. B. im heißen Tee besser als im kalten.

Zum Anschauen

Das meiste Wasser auf der Erde ist Salzwasser – rund 97 %! Das kannst du dir so vorstellen: Fülle einen 10-l-Eimer mit Wasser. Daraus schöpfst du ein kleines Glas Wasser (etwa 0,3 l) ab – so wenig Süßwasser gibt es im Vergleich zu dem großen Eimer Salzwasser auf der Erde. Und von diesem Glas gießt du etwas mehr als die Hälfte in einen Kunststoffbecher, um es einzufrieren: Denn von dem Süßwasser auf der Erde ist der größte Teil (noch) in Eis und Gletschern gebunden.

Versuch

Salzgewinnung

Das brauchst du:
▶ Ein Glas ▶ Streichhölzer
▶ Einen Teelöffel aus Metall ▶ Salz
▶ Wasser (kalt und warm) ▶ Kerze

Kann man eigentlich das Salz, das sich im Wasser gelöst hat, auch wieder herausholen?

Stelle dir mit warmem Wasser eine gesättigte Salzlösung wie in dem vorherigen Versuch her. Auf dem Teelöffel erhitzt du nun mit etwas Geduld ein paar Tropfen dieser Lösung über einer Kerzenflamme. Wenn du den Löffel ruhig in die Flamme gehalten hast, beginnt das Wasser nach ein paar Minuten, zu sieden und zu verdampfen. Und was bleibt auf dem Löffel zurück? Das Salz!

So wie in diesem Versuch wird übrigens auch Salz aus dem Meer gewonnen. In großen Becken wird Meerwasser gesammelt und den Sonnenstrahlen ausgesetzt. Wenn das Wasser verdunstet ist, bleibt das Salz übrig und kann abgebaut werden.
Das stehende Wasser sieht oft rötlich aus. Das liegt an einem Schalentier, dem Salinenkrebs, das dort lebt und rötlichen Farbstoff ansammelt. In Afrika und auch im südlichen Frankreich findet man häufig Flamingos in dem flachen Salzwasser, die die Salinenkrebschen fressen.

Versuch

Wo ist das Salz im Eisberg?

Das brauchst du:

▶ Kunststoffbecher ▶ Wasser
▶ Tinte oder Lebensmittelfarbe

Bestimmt kennst du aus dem Fernsehen die großen Eisberge im Meer, die manchmal für Schiffe gefährlich werden können. Dass Meerwasser salzig ist, weißt du schon. Aber sind die Eisberge dann auch salzig?

1. Fülle den Becher $^3/_4$ voll mit Wasser und färbe dieses Wasser mit Tinte oder Lebensmittelfarbe. Dann stellst du den Becher über Nacht in den Gefrierschrank.

2. Was kannst du am nächsten Tag sehen? Zum einen füllt das Eis jetzt den Becher fast ganz. Es nimmt deutlich mehr Raum ein als das Wasser. Außerdem ist es außen weiß und alle Farbe hat sich in der Mitte gesammelt. **Wie lässt sich das erklären? Und was hat das mit dem Salz im Eisberg zu tun?**

Im Eis sind die einzelnen Wasserteilchen, Moleküle genannt, weiter voneinander entfernt als im flüssigen Wasser. Deshalb benötigt Eis aus einer bestimmten Menge Wasser mehr Platz als das Wasser in flüssigem Zustand. Die Moleküle sortieren sich in ein festes Kristallgitter. Darin ist kein Platz für andere Bestandteile wie Farbe oder eben Salz. Diese werden „weggedrängt". In dem Becher landen sie dann in der Mitte, weil das Wasser von außen nach innen friert. Im Meer wird das Salz in das flüssige Wasser „gedrängt". Eisberge sind also Süßwasser.

Eisberge und vor allem die Eismassen der Gletscher bilden etwa $^3/_4$ des gesamten Süßwasservorrats der Erde. Der größte Teil befindet sich in der Antarktis (rund 70 % des Süßwasservorrats!).

Kennst du die Bürger von Schilda? Sie hatten einen besonderen Plan, wie es ihnen nie wieder an Salz fehlen sollte.

Der Salzanbau in Schilda

Salz ist schon immer ein kostbares Gut der Menschheit gewesen. Mancher Krieg ist darum geführt worden und eines Tages fürchteten auch die Schildbürger um diese kostbare Errungenschaft.

Denn wer möchte sein Frühstücksei oder die Suppe schon ohne Salz essen. Und auch Kartoffeln oder Fleisch erhalten nicht die richtige Würze, wenn das „Weiße Gold" fehlt.

Da man aber Salz bekanntlich oft von weit her holen muss, überlegten sich die Schildbürger, es selbst zu züchten. „Wenn man Zucker auf den Felder anbauen kann, dann kann man auch Salz anbauen", waren sie fest überzeugt.

Und weil sie ihren Worten gerne Taten folgen ließen, zogen sie mit der Hälfte ihrer Salzvorräte aus, bestellten die Felder und säten die krümelige Masse mit vollen Händen aus. „Nun müssen wir nur noch warten, bis es wächst", sagten sie. Und legten alsbald die Hände in den Schoß. Sie warteten. Wochenlang. Dann waren die Pflanzen auf dem Acker prächtig gediehen.

Als aber die Ernte eingebracht werden sollte und die Schildbürger mitsamt Kind und Kegel auszogen, um das kostbare Gut in die Scheunen einzubringen, da hörte man doch überall ein heftiges Gemurre und Gestöhne: „Dieses Salz ist aber ganz besonders salzig", riefen alle aus.

Und wisst ihr auch, warum? Weil die Schildbürger natürlich kein Salz geerntet hatten – sondern Brennnesseln, die wunderbar auf dem Acker gediehen waren.

Berge und Steine

Welcher Stein ist der schönste?

Steine sind etwas wirklich Spannendes. Es gibt sie in vielen Farben, Formen und Größen. Man kann sie ins Wasser werfen oder sammeln und den Großen heimlich in die Taschen stecken. Wenn du mal wieder eine schöne Sammlung von Steinen zusammengetragen hast, sieh sie dir genau an.

Versuch

Steinsammlung

Das brauchst du:
- Schuhkarton ▶ Tonpapier ▶ Schere
- Klebstoff ▶ Lupe ▶ Tonfliese

1. Aus dem Tonpapier kannst du Streifen schneiden und sie so auf den Boden des Schuhkartons kleben, dass viele Fächer für deine Steine entstehen. Dazu knickst du immer einen kleinen Teil des Tonpapierstreifens unten um und klebst ihn auf den Boden. Wenn sich zwei Streifen kreuzen, dann schneidest du einen ein und schiebst ihn über den anderen Streifen. So erhältst du ein richtiges Gitter in deinem Karton.

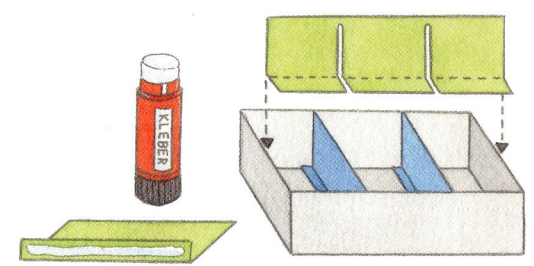

2. Nun kannst du deine schönsten Steine hineinsortieren. Es gibt verschiedene Möglichkeiten, sie zu sortieren, z. B. nach Farben, nach Fundort, nach Größe und nach Struktur, d. h. nach Streifen, Punkten etc. Dabei hilft dir eine Lupe, mit der du die Steine genauer ansehen kannst.

TIPP: Du kannst mit deinen Steinen auch auf die Rückseite einer Tonfliese malen. Dabei entstehen ganz unterschiedliche Farben. Auch danach kann man die Steine sortieren.

Versuch

Härtetest

Das brauchst du:
- Verschiedene Steine
- Ein Brettchen ▶ Einen Nagel
- Eine Feile ▶ Sandpapier

Die Härte eines Steins testen Geologen, das sind die Forscher, die sich mit Steinen beschäftigen, durch einen Ritztest.
Du nimmst dir einen Stein und kratzt mit deinem Fingernagel daran. Kannst du einige Brösel abkratzen? Dann ist der Stein eher weich.
Wenn nicht, dann lege ihn auf das Brett und kratze vorsichtig mit dem Nagel am Stein. Kannst du jetzt Spuren hinterlassen? Dann ist der Stein mittelhart.
Zuletzt kannst du noch mit einer Feile oder mit Sandpapier darüber reiben. Ein Stein, der jetzt erst Spuren zeigt, ist schon ziemlich hart. Härtere Steine lassen sich dann fast nur noch mit Diamanten ritzen!

Diamanten sind die härtesten Steine. Sie werden sehr, sehr tief unter der Erdoberfläche abgebaut. Wenn sie bearbeitet und geschliffen worden sind, glitzern und funkeln sie. Weil sie so hart sind, nutzt man sie auch zum Bohren und Schneiden, zum Beispiel von Glas.

Steine sind einfach unglaublich hart. Kann man einen Stein trotzdem zusammen-drücken? Das kleine Schneiderlein hat da einen Trick.

Das tapfere Schneiderlein

Gebrüder Grimm (stark gekürzte Fassung)

An einem Sommermorgen saß ein Schneider-lein auf seinem Tisch am Fenster, war guter Dinge und nähte aus Leibeskräften. Da kam eine Bauersfrau die Straße herab und rief: „Gut Mus feil! Gut Mus feil!"

Da steckte das Schneiderlein seinen Kopf zum Fenster hinaus und rief:

„Hier herauf, liebe Frau, hier wird Sie Ihre Ware los."

Die Frau stieg die drei Treppen mit ihrem schweren Korbe hinauf und er besah das Mus, hielt die Nase dran und sagte endlich: „Das Mus scheint mir gut, wieg Sie mir doch etwas ab."

Und die Frau gab ihm, was er verlangte.

„Nun, das Mus soll mir Gott gesegnen", rief das Schneiderlein, „und soll mir Kraft und Stärke geben", holte das Brot aus dem Schrank, schnitt sich ein Stück über den ganzen Laib und strich das Mus darüber. „Aber erst will ich den Wams fertig machen."

Er legte das Brot neben sich, nähte weiter und machte vor Freude immer größere Sti-che. Indes lockte der Geruch von dem süßen Mus die Fliegen in großer Menge an, sodass sie sich scharenweis darauf niederließen.

„Ei, wer hat euch eingeladen?", sprach das Schneiderlein und jagte die ungebetenen Gä-ste fort. Die Fliegen aber, die kein Deutsch ver-standen, ließen sich nicht abweisen, sondern kamen in immer größerer Gesellschaft wieder. Da langte das Schneiderlein nach einem Tuch-lappen und schlug unbarmherzig drauf.

Als es abzog und zählte, so lagen nicht we-niger als sieben vor ihm tot und streckten die Beine.

„Bist du so ein Kerl?", sprach er und muss-te selbst seine Tapferkeit bewundern.

„Das soll die ganze Stadt erfahren."

Und flink schnitt sich das Schneiderlein einen Gürtel, nähte ihn und stickte mit gro-ßen Buchstaben darauf: „Sieben auf einen Streich!" – „Ei, was Stadt!", sprach er weiter. „Die ganze Welt soll's erfahren!", und sein Herz wackelte ihm vor Freude wie ein Läm-merschwänzchen.

Der Schneider band sich den Gürtel um und wollte in die Welt hinaus, weil er meinte, die Werkstätte sei zu klein für seine Tapferkeit. Eh er loszog, suchte er im Haus, ob nichts da wäre, was er mitnehmen könnte, er fand aber nur einen alten Käs, den steckte er ein. Vor dem Tore bemerkte er einen Vogel, der sich im Gesträuch gefangen hatte, der musste zu dem Käse in die Tasche. Nun nahm er den Weg tapfer zwischen die Beine, und weil er leicht und behänd war, fühlte er keine Müdigkeit.

Der Weg führte ihn auf einen Berg, und als er den höchsten Gipfel erreicht hatte, so saß da ein gewaltiger Riese und schaute sich um. Das Schneiderlein ging beherzt auf ihn zu, re-dete ihn an und sprach: „Guten Tag, Kame-rad, gelt, du sitzest da und besiehst dir die weitläufige Welt? Ich bin eben auf dem Wege dahin, willst du mich nicht begleiten?"

Der Riese sah den Schneider verächtlich an und sprach: „Du Lump! Du miserabler Kerl!"

„Von wegen!", antwortete das Schneiderlein, knöpfte den Rock auf und zeigte dem Riesen den Gürtel. „Da kannst du lesen, was ich für ein Mann bin."

Der Riese las: „Sieben auf einen Streich!", meinte, das wären Menschen gewesen, die der Schneider erschlagen hätte, und kriegte ein wenig Respekt vor dem kleinen Kerl. Doch wollte er ihn erst prüfen, nahm einen Stein in die Hand und drückte ihn zusammen, dass das Wasser heraustropfte.

„Das mach mir nach", sprach der Riese, „wenn du kannst."

„Ist's weiter nichts?", sagte das Schneiderlein, „das ist bei unsereinem Spielwerk", griff in die Tasche, holte den weichen Käs und drückte ihn, dass der Saft herauslief.

„Gelt", sprach er, „das war besser?"

Der Riese wusste nicht, was er sagen sollte. Er hob einen Stein auf und warf ihn so hoch, dass man ihn mit Augen kaum noch sehen konnte: „Nun, du Erpelmännchen, das tu mir nach."

„Gut geworfen", sagte der Schneider, „aber der Stein hat doch wieder zur Erde herabfallen müssen; ich will dir einen werfen, der soll gar nicht wiederkommen", griff in die Tasche, nahm den Vogel und warf ihn in die Luft. Der Vogel, froh über seine Freiheit, stieg auf, flog fort und kam nicht wieder.

„Wie gefällt dir das Stückchen, Kamerad?", fragte der Schneider.

„Werfen kannst du wohl", sagte der Riese, „aber nun wollen wir sehen, ob du auch was Ordentliches tragen kannst."

Er führte das Schneiderlein zu einem mächtigen Eichbaum und sagte: „Wenn du stark genug bist, so hilf mir, den Baum aus dem Wald zu tragen."

„Gerne", antwortete der kleine Mann, „nimm du nur den Stamm auf deine Schulter, ich will die Äste mit dem Gezweig tragen, das ist doch das Schwerste."

Der Riese nahm den Stamm auf die Schulter, der Schneider aber setzte sich auf einen Ast und der Riese, der sich nicht umsehen konnte, musste den ganzen Baum und das

Schneiderlein noch obendrein forttragen. Es war ganz lustig und guter Dinge, pfiff ein Liedchen, als wär das Baumtragen ein Kinderspiel. Der Riese, nachdem er ein Stück Wegs die schwere Last fortgeschleppt hatte, konnte nicht weiter und rief: „Hör, ich muss den Baum fallen lassen."

Der Schneider sprang behände herab, fasste den Baum mit beiden Armen, als wenn er ihn getragen hätte, und sprach zum Riesen: „Du bist ein so großer Kerl und kannst den Baum nicht einmal tragen."

Sie gingen zusammen weiter, und als sie an einem Kirschbaum vorbeikamen, fasste der Riese die Krone des Baums, wo die zeitigsten Früchte hingen, bog sie herab, gab sie dem Schneider in die Hand und hieß ihn essen. Das Schneiderlein aber war viel zu schwach, um den Baum zu halten, und als der Riese losließ, schnellte der Baum samt Schneider in die Höhe. Als er wieder herabgefallen war, sprach der Riese: „Was ist, hast du nicht Kraft, die schwache Gerte zu halten?"

„An der Kraft fehlt es nicht", antwortete das Schneiderlein. „Ich bin über den Baum gesprungen, weil die Jäger da unten in das Gebüsch schießen. Spring nach, wenn du's vermagst."

Der Riese machte den Versuch, er blieb aber in den Ästen hängen, sodass das Schneiderlein auch hier die Oberhand behielt.

Der Riese sprach: „Wenn du so ein tapferer Kerl bist, so komm mit in unsere Höhle und übernachte bei uns."

Das Schneiderlein war bereit und folgte ihm. In der Höhle saßen noch andere Riesen beim Feuer und jeder hatte ein gebratenes Schaf in der Hand und aß davon. Das Schneiderlein sah sich um und dachte: Es ist doch hier viel weitläufiger als in meiner Werkstatt.

Der Riese wies ihm ein Bett an und sagte, er sollte sich hineinlegen und ausschlafen. Dem Schneiderlein war aber das Bett zu groß, er legte sich nicht hinein, sondern kroch in eine Ecke.

Als es Mitternacht war und der Riese meinte, das Schneiderlein läge in tiefem Schlafe, so stand er auf, nahm eine große Eisenstange und schlug das Bett mit einem Schlag durch und meinte, er hätte dem Grashüpfer den Garaus gemacht. Mit dem frühsten Morgen gingen die Riesen in den Wald und hatten das Schneiderlein ganz vergessen, da kam es auf einmal lustig und verwegen dahergeschritten. Die Riesen erschraken, fürchteten, es schlüge sie alle tot, und liefen hastig fort.

Das Schneiderlein zog weiter, immer seiner spitzen Nase nach. Nachdem es lange gewandert war, kam es in den Hof eines königlichen Palastes, und da es Müdigkeit empfand, so legte es sich ins Gras und schlief ein. Während es da lag, kamen die Leute, betrachteten es von allen Seiten und lasen auf dem Gürtel: „Sieben auf einen Streich."

„Ach", sprachen sie, „was will der große Kriegsheld hier mitten im Frieden? Das muss ein mächtiger Herr sein."

Sie gingen und meldeten es dem König und meinten, wenn Krieg ausbrechen sollte, wäre das ein wichtiger und nützlicher Mann, den man um keinen Preis fortlassen dürfte. Dem König gefiel der Rat und er schickte einen von seinen Hofleuten, der sollte dem Schneiderlein Kriegsdienste anbieten. Der Abgesandte ging also zu dem Schneider und brachte seinen Antrag vor.

„Ebendeshalb bin ich hierher gekommen", antwortete der, „ich bin bereit, in des Königs Dienste zu treten."

Also ward er ehrenvoll empfangen.

Die Kriegsleute aber waren dem Schneiderlein nicht wohlgesinnt und wünschten, es wäre tausend Meilen weit weg. „Was soll daraus werden?", sprachen sie untereinander. „Wenn wir Zank mit ihm kriegen und er haut zu, so fallen auf jeden Streich sieben. Da kann unsereiner nicht bestehen."

Also fassten sie einen Entschluss, begaben sich allesamt zum König und baten um ihren Abschied.

„Wir sind nicht gemacht", sprachen sie, „neben einem Mann auszuhalten, der sieben auf einen Streich schlägt."

Der König war traurig, dass er um des einen willen alle seine treuen Diener verlieren sollte, und wäre ihn gerne wieder los gewesen. Aber er getraute sich nicht, ihm den Abschied zu geben, weil er fürchtete, er möchte ihn samt seinem Volke totschlagen und sich auf den königlichen Thron setzen. Er sann lange hin und her, endlich fand er einen Rat. Er schickte zu dem Schneiderlein und ließ ihm sagen, weil er so ein großer Kriegsheld wäre, so wollte er ihm ein Anerbieten machen. Er sollte drei schwierige Aufgaben erfüllen, so wollte er ihm seine einzige Tochter zur Gemahlin geben und das halbe Königreich dazu. Das wäre etwas für einen Mann wie du bist, dachte das Schneiderlein, eine schöne Königstochter und ein halbes Königreich wird einem nicht alle Tage angeboten.

„Oh ja", gab er zur Antwort, „die Aufgaben will ich schon lösen."

Und so zog das Schneiderlein aus, löste die Aufgaben und bekam des Königs einzige Tochter zur Frau. Und der musste, ob er mochte oder nicht, sein Versprechen halten und ihm seine Tochter und das halbe Königreich geben. Hätte er gewusst, dass kein Kriegsheld, sondern ein Schneiderlein vor ihm stand, es wäre ihm noch mehr zu Herzen gegangen.

Nach einiger Zeit hörte die junge Königin des Nachts, wie ihr Gemahl im Traume sprach:

„Junge, mach mir den Wams und flick mir die Hosen oder ich will dir die Elle über die Ohren schlagen."

Da merkte sie, wo der junge Herr geboren war, klagte am andern Morgen ihrem Vater ihr Leid und bat, er möchte ihr vor dem Manne helfen, der nichts anders als ein Schneider wäre. Der König sprach ihr Trost zu und sagte:

„Lass in der nächsten Nacht deine Schlafkammer offen, meine Diener sollen außen stehen und, wenn er eingeschlafen ist, hineingehen, ihn binden und auf ein Schiff tragen, das ihn in die weite Welt führt."

Die Frau war damit zufrieden, des Königs Waffenträger aber, der alles mit angehört hatte, war dem jungen Herrn gewogen und hinterbrachte ihm den ganzen Anschlag.

„Dem Ding will ich einen Riegel vorschieben", sagte das Schneiderlein.

Abends legte es sich zu gewöhnlicher Zeit mit seiner Frau zu Bett; als sie glaubte, er sei eingeschlafen, stand sie auf und öffnete die Türe. Das Schneiderlein, das sich nur stellte, als wenn es schlief, fing an, zu rufen:

„Junge, mach den Wams und flick mir die Hosen oder ich will dir die Elle über die Ohren schlagen! Ich habe sieben mit einem Streiche getroffen, die Riesen besiegt, ein Einhorn fortgeführt und ein Wildschwein gefangen. Ich fürchte mich vor niemandem!"

Als die Diener den Schneider so sprechen hörten, überkam sie eine große Furcht, sie liefen davon, als wenn das wilde Heer hinter ihnen wäre.

Also war und blieb das Schneiderlein sein Lebtag König.

Wie werden Steine gemacht?

Steine kannst du überall finden: auf der Straße, in Parks, am See, im Wald. Aber wie sind sie entstanden? Wahrscheinlich wirst du sagen aus Vulkanen. Und das ist zunächst einmal schon ganz richtig.

Unter der Erde ist es sehr, sehr heiß. Dort ist das Gestein, das bei uns auf der Erde so hart ist, flüssig. In Erdrissen drückt das heiße Gestein nach oben.

Versuch

Lavadruck

Das brauchst du:
- Eine Tube Zahncreme oder Ketchup (kleine Probepackung)
- Einen spitzen Bleistift oder einen Nagel

Wenn du die Tube am unteren Ende zusammendrückst, dann spürst du, wie die Zahncreme oder der Ketchup oben hinausdrängen will. Das geht aber nicht, weil die Tube noch verschlossen ist. Wenn du jetzt weiterdrückst und an der Seite mit dem Stift oder dem Nagel ein Loch in die Tube stichst, spritzt die Zahncreme oder der Ketchup aus der Verpackung!

Genau so wie in unserem Versuch schießt auch das heiße Gestein aus einem Vulkan. Wenn es noch im Vulkan ist, heißt es Magma, wenn es an die Erdoberfläche gelangt ist, nennt man es Lava. Mit der Zeit kühlt die Lava auf der Erde ab und wird zu Stein. Wenn eine „Basaltlava" etwas verzögert erstarrt, so bilden sich ganz besondere Säulen, die mehreckig und oft meterlang sind.

Der „Weg der Riesen" in Irland (Giants' Causeway)

Versuch

Vulkanausbruch

Das brauchst du:
- Große Schüssel ▸ Kleine Flasche
- Kleiner Krug/Gießer ▸ Trichter
- Essig ▸ Sand ▸ Natron
- Rote Lebensmittelfarbe
- Spülmittel

1. Baue dir in der Schüssel einen Vulkankegel aus Sand. In dessen Mitte vergräbst du die kleine Flasche, sodass die Öffnung noch herausschaut. Jetzt füllst du mithilfe des Trichters Natron in die Flasche. Das ist dein Vulkan.

Für Eltern

Essig und Natron reagieren miteinander und beginnen zu sprudeln. Dabei wird Kohlendioxid frei und der rote Essig blubbert wie Lava aus dem Vulkankrater. In der Tat ist Kohlendioxid eines der zentralen Gase, die den Druck bei einem Vulkanausbruch erzeugen. Vulkanisches Gestein, das entweder unter der Erdoberfläche oder nach einem Vulkanausbruch darüber erstarrt ist, bildet eine Gesteinsgruppe: das **magmatische Gestein.** Durch Erosion, also den Verwitterungsprozess, den Wind, Wasser, Eis, aber auch chemische Vorgänge auslösen, wird Gestein zersetzt und abgetragen. Die Ablagerung dieser Abtragungen führen zu einer weiteren Gesteinsgruppe, den **Sedimentgesteinen,** die von sehr feinkörnig (Sandstein) bis zu grob (Konglomerate) reichen. Erhöht sich der Druck auf Sedimentgestein durch weitere Ablagerungen, so verändert es sein Äußeres wiederum und wird zu so genanntem **metamorphem Gestein.**

2. In den Krug oder einen Gießer, z. B. für Kaffeesahne, füllst du Essig, färbst ihn mit roter Lebensmittelfarbe ein und gibst noch ein paar Tropfen Spülmittel hinzu. Fülle diese Mischung in die Flasche im Sand. Wenn die Flaschenöffnung zu klein ist, nimm den Trichter zu Hilfe. Achtung, es passiert sofort etwas! Dein Vulkan bricht aus!!!

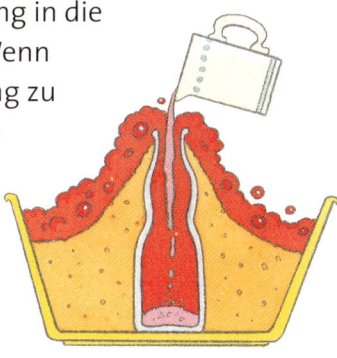

Ist mit der Erstarrung der Lava die Geschichte eines Steins zu Ende? Nein! Damit geht die Reise auf der Erde eigentlich erst richtig los.

Versuch

Das Wasser hat sich jahrtausendelang durch diese Berge in den Dolomiten gegraben und so ein tiefes Tal geschaffen.

Gesteinskreislauf

Das brauchst du:
- Eine Kerze ▶ Streichhölzer
- Einen Teller ▶ Zwei flache Steine
- Eine Reibe oder eine Feile

1. Lasse dir eine Kerze anzünden und warte, bis das Wachs schmilzt. Wenn sich eine ordentliche Menge flüssiges Wachs gebildet hat, gießt du es vorsichtig auf einen Teller. Jetzt verhält sich das Wachs wie die Lava: Durch Hitze verflüssigt, ergießt sie sich über die Erde wie das Wachs über unseren Teller. Warte wieder ein wenig, dann wird das Wachs richtig hart.

2. Nun beginnen in der Natur, Wind und Wetter an dem Gestein zu wirken. Der Wind reibt Sand an den Steinen entlang. Frost sprengt Stücke heraus. Das Wasser nagt an den Steinen und wäscht sie aus. Du kannst mit der Reibe oder der Feile über das Wachs reiben. Wenn du immer an einer Stelle raspelst, entsteht ein Graben – das wäre in der Natur ein Flussbett. Oder du raspelst die ganze Oberfläche ab. Dabei erhältst du kleine Wachskrümel, die sich leicht wegblasen lassen. So werden kleine Steinchen von Wind und Wasser weggetragen und irgendwo anders abgelegt, das nennt man „Ablagerung".

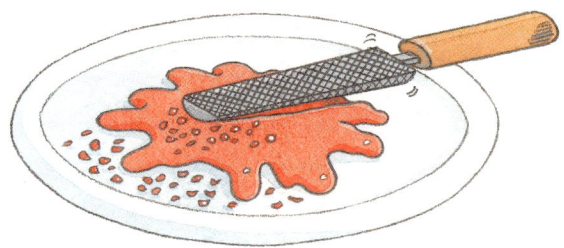

3. Nimm die Wachskrümel und leg sie auf einen der flachen Steine. Nach und nach wird es immer mehr Wachs. So ist das auch mit den Steinen und dem Sand, der abgelagert wird. Das nennt man dann Sedimente.

Bei diesen Felsklippen in Irland sieht man schön die Gesteinsschichten.

Der Wind hat hier in der ägyptischen Wüste ein wahres Kunstwerk hervorgebracht.

4. Wenn die Ablagerungen immer mehr werden, werden sie schwerer. Der Druck auf die unterste Schicht wird größer: Drücke mit dem anderen Stein ganz fest auf das Wachs.

Wie sieht das Wachs aus, wenn du richtig fest gedrückt hast? Genau so wie vorher? Nein. Die vielen kleinen Krümel, die vorher nur leicht zusammengedrückt waren, sind jetzt viel fester miteinander verbunden. So ist das auch mit dem Gestein. Wenn das Sedimentgestein weit unten in der Erdkruste unter Druck gerät, verändert es wieder sein Aussehen. Aus dem Sedimentgestein wird metamorphes Gestein.

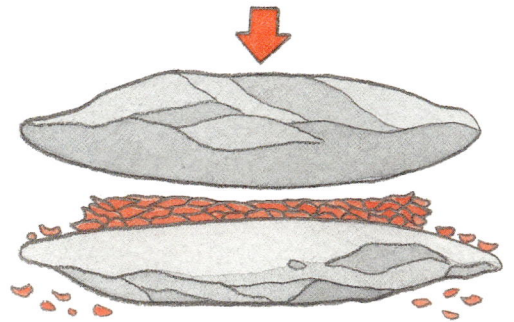

Wer hat die Berge gebaut?

Wo lebst du? In den Alpen, am Meer, im Mittelgebirge oder in den weiten Ebenen der Heide? Die Landschaften sind in den verschiedenen Regionen Deutschlands und der Welt sehr unterschiedlich. Es gibt viele verschiedene Gebirge mit vielen verschiedenen Ursprüngen.

Alpen

Meer

Vor etwa 200 Jahren gab es einen sehr bekannten deutschen Forscher, der mit ganzen Schiffsladungen voller Sammlungen von Steinen und Pflanzen und Messungen aus der Ferne zurückkam. Er war nach Südamerika gereist, um die Erde besser zu verstehen. Er hieß *Alexander von Humboldt*. Auf seiner langen Reise hatte er einige tolle Entdeckungen gemacht. Zum Beispiel hatte er auf einem Berg den Abdruck einer Muschel gefunden. Aber: Wie kam die Muschel aus dem Meer dort oben hin?

Heide

Mittelgebirge

Versuch

Faltengebirge

Das brauchst du:
- ⟩ Knetmasse in verschiedenen Farben
- ⟩ Teigrolle ⟩ Kleine Muschel

1. Steine lagern sich in Schichten ab, so wie bei einer Torte. Forme dir aus Knetmasse verschiedene Schichten. Da in der Natur diese Gesteinsablagerungen meist im Meer stattfinden, legt sich auch die eine oder andere Muschel dazwischen. Du legst ebenfalls eine Muschel zwischen deine verschiedenen Knetmasseschichten.

2. Wenn du jetzt einige Schichten (mindestens fünf) übereinanderliegen hast, legst du sie auf den Tisch und schiebst sie von zwei Außenseiten zusammen. Wo in dem Knetmassehügel befindet sich jetzt die Muschel? Oben?
Genau. Und wenn nun Wind und Wetter die oberen Schichten abtragen? Dann wird die Muschel oder ihr Abdruck oben

auf dem Berg gefunden. Nimm einfach ein wenig Knetmasse von oben herunter. Und der Berg, wo kam der jetzt her? Er ist durch den Druck von den Seiten entstanden? Du kannst dich auch breitbeinig auf ein kleines Teppichstück stellen und die Füße zusammenschieben. Dann siehst du denselben Effekt: Du wirfst Hügel auf.

So ein Faltengebirge sind zum Beispiel die Alpen. Woher aber kommt der Druck, der die Berge so aufschiebt? Dazu müssen wir in das Innere der Erde schauen.

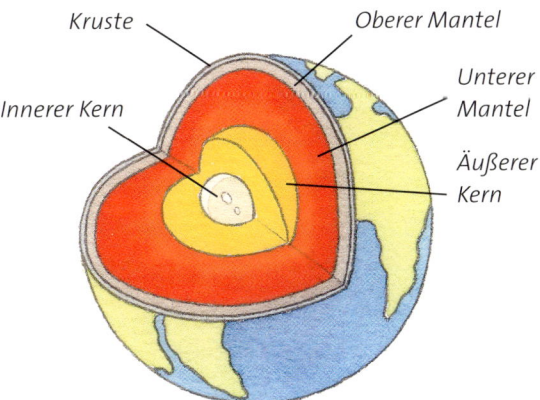

Das Innere unserer Erde

Unsere Erde besteht aus verschiedenen Schichten. Ganz außen befindet sich die sehr dünne Erdkruste, auf der wir Menschen uns bewegen. Du kannst dir das ungefähr wie bei einem hart gekochten Ei vorstellen: Wenn du es einmal quer durchschneidest, siehst du, wie dünn die Kalkschale ist. Unter der Erdkruste bewegt sich der flüssige Erdmantel aus heißem Gestein. Die Entstehung der Gebirge hat etwas mit dieser Bewegung unter der Erdoberfläche zu tun.

Unter der Erde herrscht Bewegung! Was dort wohl abläuft, kannst du testen.

Versuch

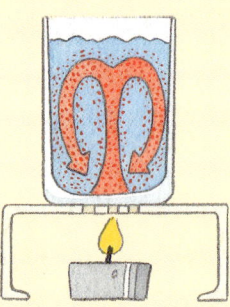

Wärmeströmung

Du brauchst dazu:
- ▶ Feuerfestes Glas ▶ Stövchen mit Kerze
- ▶ Streichhölzer ▶ Heißes Wasser
- ▶ Rotes Paprikapulver

1. Stelle das Glas mit heißem Wasser auf das Stövchen, in dem die Kerze brennt.

2. Streue etwas Paprikapulver ins Wasser: Was geschieht?

Nach einer gewissen Zeit setzt sich das Paprikapulver in Bewegung. Es steigt in der Mitte, gleich oberhalb der Kerzenflamme, auf, bewegt sich weiter oben dann nach außen, fällt wieder nach unten und drängt zur Mitte zurück, wo es wieder aufsteigt.

So wie das Paprikapulver bewegen sich auch die unterirdischen Gesteinsströme im Erdmantel und verschieben dadurch die Erdkruste. Die Erdkuste sieht aus wie ein Puzzle aus einzelnen Teilen, den Erdplatten. Die verschiedenen Platten sind auf dem flüssigen Erdmantel in Bewegung. Und was passiert an den Stellen, wo sie sich berühren? Dort bilden sich z.B. Vulkane und auch Erdbeben! Und wo sich Platten ineinanderschieben, entstehen Gebirge.

— *Platten bewegen sich auseinander*
— *Zusammenstoß von Erdplatten*
— *Zwei Platten schieben sich über- und untereinander*
— — — *Unbestimmte Plattengrenze*

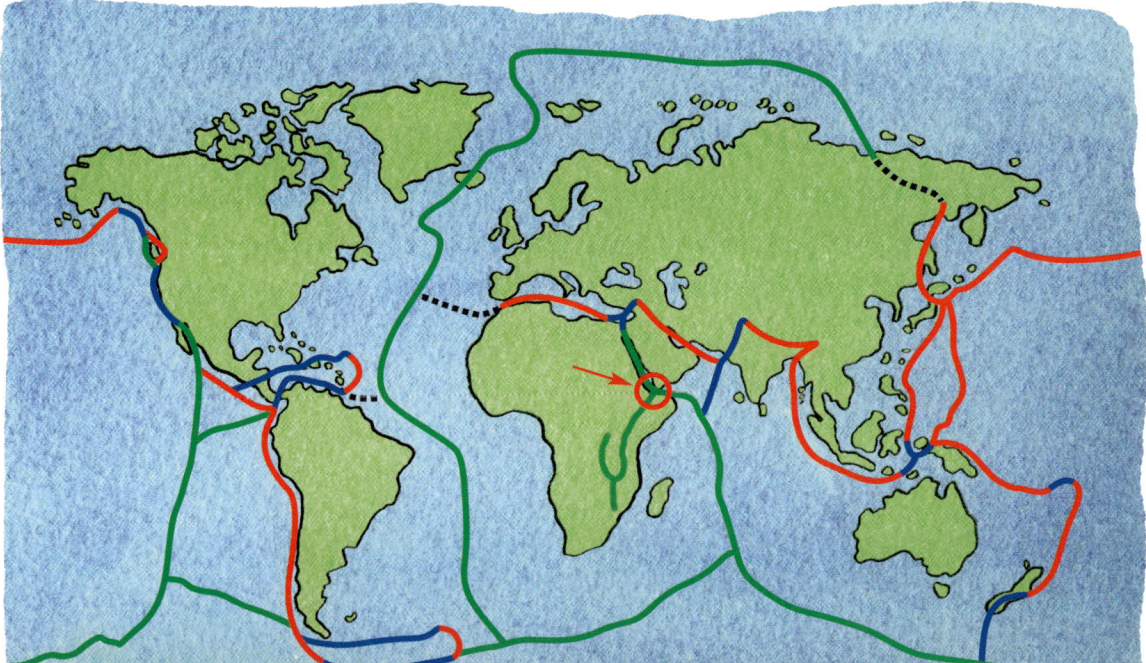

Versuch

Wanderung der Kontinente

Du brauchst dazu:
- Butterbrotpapier ▶ Bleistift
- Tonpapier ▶ Schere ▶ Atlas

1. Suche dir im Atlas Bilder der Kontinente, alle im selben Maßstab. Den findest du immer unter den Karten angegeben, z. B. Maßstab 1:27 000 000. Du kannst auch einfach die Weltkarte links nehmen. Jetzt paust du die Kontinente mithilfe des Butterbrotpapiers und dem Bleistift einzeln ab. Die Vorlagen legst du auf das Tonpapier und schneidest die Umrisse der großen Kontinente aus.

2. Jetzt lege diese Puzzleteile so vor dir auf den Tisch, wie die Erde heute aussieht. Dabei hilft dir die Weltkarte. Die Lage der Kontinente verändert sich immer weiter: Vor rund 200 Millionen Jahren hingen sie alle zusammen! Heute drückt Indien weiter nach Eurasien hinein. Spiele nach, was geschieht. Wie verschieben sich die anderen Kontinente?

In Afrika kann man schon heute beobachten, wie sich der Kontinent langsam teilt, weil zwei Platten auseinanderdriften. Es entstehen neue Meere (siehe ⟶ ⬯ auf der Karte).

Liebe Forscherinnen und Forscher!

Haben euch die Versuche, Spiele und Geschichten Spaß gemacht? So wie wir haben die erwachsenen Forscher schon viel über unsere Erde und die Dinge, die in der Natur geschehen, herausgefunden. Aber es sind längst nicht alle Rätsel gelöst. Die Antworten zu vielen Fragen liegen noch im Verborgenen. Vielleicht warten sie auf Forscher und Forscherinnen wie euch, um entdeckt zu werden!

Glossar

Hier findest du die wichtigsten Begriffe, die im Buch erwähnt werden, erklärt. Die kursiv gedruckten Erklärungen sind für Erwachsene gedacht.

Absorbieren: Aus dem Lat. aufsaugen, *bezeichnet den Prozess des völligen Aufnehmens, „Verschlucken"*

Acrylfarben: Das sind wasserlösliche Farben, die nicht so hell aussehen wie Wasserfarben, wenn man damit malt.

Additive Farbmischung: Die Überlagerung verschiedener Lichtfarben mit unterschiedlicher Wellenlänge führt zu einer stetigen Aufhellung des Farbtons, da mehr Licht hinzukommt. Das bezeichnet man als additive Farbmischung.

Amboss: So heißt der Eisenblock, auf dem der Schmied die glühenden Eisen schlägt und formt.

Äolus: So nannte man den König der Winde nach den Sagen aus dem alten Griechenland.

Äquator: So bezeichnet man die Kreislinie um die Erde an ihrer dichtesten Stelle, die die Erde in zwei gleiche Hälften teilt, die Nord- und die Südhalbkugel.

Basaltlava: Das ist eine Lava, die nach dem Erhärten einen grauen Stein in einer ganz besonderen Form, den Basaltsäulen, ergibt.

Cyan: So nennt man den Blauton, der als Grundfarbe der Pigmentfarben eine der drei Farben (neben Schwarz) im Farbdruck ist.

Dampf: Das ist Wasser in gasförmigem Zustand. Im Gegensatz dazu besteht Rauch auch aus anderen Teilchen wie z. B. Ruß.

Elektromagnetisches Spektrum: Beschreibung verschiedener Arten elektromagnetischer Wellen, die aus der ständigen Änderung von elektrischen und magnetischen Feldern entstehen. Sie umfassen Radiowellen, Mikrowellen, Infrarotstrahlen, sichtbares und UV-Licht, Röntgen- und Gammastrahlen.

Gammastrahlung: energiereiche und durchdringendste elektromagnetische Strahlung

Gas: Ein Gas ist ein Stoff, den man meist nicht sehen kann, weil sich die kleinsten Teilchen weit voneinander entfernt im Raum bewegen können. Sauerstoff ist ein Gas, das die meisten sicherlich kennen.

Gletscher: Das ist eine Eismasse, die meist dadurch entstanden ist, dass sich sehr, sehr viel Schnee angesammelt hat und durch die große Masse zusammengedrückt wurde. In den Bergen gibt es viele Gletscher.

Globus: Das ist das lateinische Wort für Kugel und bezeichnet ein Modell von unserer Erde, das du als Kugel, mit den Erdteilen und Meeren bemalt, sicherlich kennst.

Glyzerin: Diese Flüssigkeit ist klar, geruchlos und etwas dickflüssig und wird in Cremes und anderen Kosmetika, aber auch als Frostschutzmittel verwendet. Es kann aus Erdöl oder auch pflanzlich hergestellt werden.

Grad Celsius: Diese Maßeinheit, um Temperaturen zu messen, hat Herr Celsius festgelegt. Dabei ist 0 Grad der Punkt, an dem Wasser friert und Eis schmilzt, 100 Grad der Punkt, an dem Wasser siedet bzw. Wasserdampf kondensiert.

Hydrant: Oft sieht man kurze Metallsäulen mit Verschlüssen an den Straßenrändern in Städten und Dörfern, an denen die Feuerwehr ihre Schläuche anschließen und Löschwasser zapfen kann. Das sind Hydranten.

Indigo: So nennt man ein dunkles Blau, das im Regenbogen zwischen Hellblau und Violett erscheint.

Infrarot: Wir können die Farbe Rot im Regenbogen sehen, die sonst im weißen Sonnenlicht versteckt ist. Das Sonnenlicht enthält auch infrarote Strahlung, die vor allem warm ist und die wir nicht sehen können.

Komplementärfarbe: Wenn sich zwei Farben zu Schwarz mischen, dann nennt man sie Komplementärfarben. Das sind zum Beispiel Rot und Grün.

Kondensationskern: Ein Partikel, an dem Kondensation erfolgt, sich also Wassertropfen bzw. Regentropfen bilden.

Kondensieren: So nennt man es, wenn ein gasförmiger Stoff flüssig wird, also zum Beispiel aus Wasserdampf Wasser wird.

Lava: So bezeichnet man flüssiges Gestein, sobald es an der Erdoberfläche ist.

Magenta: Das ist ein rotblauer, fast pink wirkender Farbton, der als Grundfarbe der Pigmentfarben eine der drei Farben (neben Schwarz) im Farbdruck ist.

Magma: Flüssiges Gestein unterhalb der Erdoberfläche nennt man Magma.

Metamorph: So nennt man Steine, die sich durch Veränderungen von Druck und auch Temperatur umgewandelt haben. So wird zum Beispiel aus Kalkstein Marmor.

Obelisk: Das ist eine hohe Säule mit einer Spitze, die wie eine Pyramide aussieht.

Pigment: So nennt man Farbpartikel, die (praktisch) nicht löslich sind.

Pol: So bezeichnet man die Punkte „oben" und „unten" am Erdball. Was oben und was unten ist, hängt mit der so genannten Achse zusammen, um die sich die Erde dreht. Bei dem Versuch mit der Orange oder Pampelmuse sind also die Pole dort, wo der Schaschlikspieß hineinsticht und heraustritt.

Quadrat: Das ist der Name für eine Fläche, bei der alle vier Seiten gleich lang sind.

Reagenzglas: So nennt man das schmale, lange Glas, das in Labors benutzt wird.

Reflektieren: Aus dem Lat. zurückstrahlen, spiegeln. Zurückwerfen z. B. von elektromagnetischen Wellen

Röntgenstrahlung: Energiereiche, elektromagnetische Strahlung, sie dient z. B. zur Durchleuchtung des menschlichen Körpers in der Medizin.

Salinenkrebs: Das ist ein kleiner Krebs, der in salzhaltigem Wasser lebt und sich bei höherem Salzanteil im Wasser rötlich färbt.

Sauerstoff: Das ist ein Gas, das zu etwa 21 % in unserer Luft vorkommt. Menschen und Tiere benötigen Sauerstoff, um zu leben. Pflanzen stellen tagsüber Sauerstoff aus dem Kohlendioxid der Luft her.

Sediment: Das ist das lateinische Wort für die Ablagerung zum Beispiel von Sand und Steinen.

Skala: So bezeichnet man eine Anzeigeleiste, wie du sie an einem Thermometer finden kannst. Sie besteht aus Zahlen in gleichmäßigem Abstand.

Stoffe: So nennt man in der Chemie ein Material.

Subtraktive Farbmischung: Die Überlagerung verschiedener Pigmentfarben (zum Beispiel bei Malfarben) führt zu einer stetigen Verdunklung des Farbtons, da ständig mehr Licht absorbiert wird, bis Schwarz, als die Abwesenheit von Licht, bleibt. Das bezeichnet man als subtraktive Farbmischung.

Tarnen: Wenn sich Pflanzen, Tiere oder auch Menschen der Farbe der Umgebung anpassen, sodass sie nicht auffallen, nennt man das Tarnen.

Thermometer: Das ist ein Messgerät, um die Temperatur zu messen.

Transparent: Das ist ein lateinischer Begriff, der sagt, dass durch etwas Licht hindurchscheinen kann. Klares Glas z. B. ist transparent.

Ultraviolett: Neben Licht und Infrarot gibt die Sonne auch ultraviolette Strahlung ab. Sie ist gefährlich für die Haut. Deshalb schützen wir uns mit Sonnencreme davor.

Viskosität: So nennt man die Zähflüssigkeit von Flüssigkeiten.

Zylinder: Das ist die Bezeichnung für einen Körper in der Mathematik, der oben und unten einen Kreis hat.

Auflösung von Seite 68
1 Wasser, 2 Honig, 3 Öl, 4 Saft

Sonja Stuchtey ist Diplom-Kauffrau und Mutter von fünf Kindern. Inspiriert durch die drängenden Fragen ihrer Kinder und aus Begeisterung für die Neugier von Kindern an Naturwissenschaften gründete sie 2002, zusammen mit der Physiochemikerin Dr. Heike Schettler, die mehrfach preisgekrönte Bildungsinitiative *Science-Lab*. Sonja Stuchtey lebt mit ihrer Familie im Raum München.

Sonja Egger studierte das Fach Bühnenbild an der Universität für Darstellende Kunst in Wien und absolvierte eine Grafik-Ausbildung. Seit einigen Jahren ist sie als freischaffende Illustratorin für verschiedene Verlage tätig.

Sebastian Coenen studierte an der Fachhochschule Münster Illustration. Er arbeitet freiberuflich für verschiedene Buch- und Spieleverlage und hat damit sein Hobby zum Beruf gemacht.

Bildquellen
Picture-Allience: S. 10, 11, 12, 13, 24, 28, 38, 41, 42, 45, 52, 57, 58, 60, 61, 62, 66, 67, 76, 77, 81, 86, 87, 88, 89, 90

Imago: S. 49, 63, 68, 79

Goethehaus Frankfurt: S. 23 © Freies Deutsches Hochstift, Frankfurter Goethe-Museum

akg-images: S. 37

Sonja Stuchtey: S. 9, 26

Susanne Danssmann: S. 66, Bild 4

Mix
Produktgruppe aus vorbildlich bewirtschafteten Wäldern, kontrollierten Herkünften und Recyclingholz oder -fasern
Zert.-Nr. SGS-COC-003210   www.fsc.org
© 1996 Forest Stewardship Council
FSC

4. Auflage 2010
© Arena Verlag GmbH, Würzburg
Alle Rechte vorbehalten
Illustrationen rund um den Fuchs: Sonja Egger
Illustrationen der Versuchsanleitungen und Spiele: Sebastian Coenen
Gestaltung und Satz: Punkt und Komma, Claudia Böhme, Würzburg
Covergestaltung: Frauke Schneider unter Verwendung der Fotos von
© mauritius images
Gesamtherstellung: Westermann Druck Zwickau GmbH
ISBN 978-3-401-09097-9

www.arena-verlag.de